Königs Erläuterungen und Materialien
Band 352

Erläuterungen zu

Max Frisch

Biedermann und die Brandstifter

Nachspiel zu
'Biedermann und die Brandstifter'

von Reinhard Kästler

C. Bange Verlag – Hollfeld

Herausgegeben von Klaus Bahners, Dr. Gerd Eversberg
und Reiner Poppe

3. Auflage 1992
ISBN 3-8044-0340-9
© 1987 by C. Bange Verlag, 8607 Hollfeld
Alle Rechte vorbehalten!
Druck: Beyer-Druck, Langgasse 23, Hollfeld

Inhalt

Vorwort

In den frühen sechziger Jahren erfährt das deutsche Drama zunehmend wieder ein internationales Echo. Namen wie Hochhuth, Weiss, Walser und Kipphardt markieren jene Aufschwungphase in der bühnenliterarischen Entwicklung. Nicht wenige andere bleiben hier ungenannt. Sie gehören einer Generation von Schriftstellern an, die sich eineinhalb Jahrzehnte nach Kriegsende besonderen Schaffensumständen gegenübersieht. Geradezu zwanghaften Forderungen der Zeitsummung folgend, scheint sie auf schier unlösbare Weise mit dem historischen Phänomen der nationalsozialistischen Diktatur verbunden.

Die Auseinandersetzung mit Ursachen und Konsequenzen der Hitler-Herrschaft dominiert zeitweilig Stoffwahl und dramaturgische Konzeption ihres Werks. Hochhuths "Stellvertreter", Weiss' "Ermittlung", Walsers "Eiche und Angora" und Kipphardts "Joel Brand. Geschichte eines Geschäfts" mögen hier als beredte Belege genügen.

Eine deutsche Dramatik, die Anspruch darauf erhebt, als realistisch zu gelten, vermag sich in den frühen sechziger Jahren nicht aus der historischen Konkretheit zu entlassen, zumal sie in gezieltem Gegensatz steht zur prägenden Dramatik dieser Zeit: dem absurden Theater.

Ganz anders die Situation der deutschsprachigen Nichtdeutschen Dürrenmatt und Frisch. Als Schweizer nicht mit der Last einer völkischen Schuld befrachtet, treten sie gesellschaftlichen Entwicklungen mit der Unbefangenheit scharfsichtiger Moralisten gegenüber. Ihr Werk hebt in einer allgemeinen Kapitalismus-Kritik die historisch konkrete Auseinandersetzung mit dem Faschistischen auf. Auf den Spuren Brechts findet sich in der Parabel jene dramatische Form, die besonders geeignet ist, Grundsätzliches auf allgemeingültige Weise zu betrachten: die Verantwortung des Wissenschaftlers in

Dürrenmatts "Die Physiker", die Bedrohung durch Mechanismen diktatorischer Herrschaft in Frischs "Andorra". Auch das 1958 aufgeführte Parabelstück "Biedermann und die Brandstifter", eine Entlarvung bürgerlicher Willfährigkeit, zeigt jene generalisierende Sehweise, die den Vorteil enthistorisierter Ungebundenheit mit extrem weit auseinanderliegenden Deutungsmöglichkeiten bezahlt, die ganz vom ideologischen Standort des jeweiligen Interpreten bestimmt werden.

So wurde in Eduard Stäubles Gesamtdarstellung des Frisch-Werks „unter anderem das Modell eines kalten Staatsstreiches nach bolschewistischem Muster" (S. 110) geortet. Die DDR-Autoren des Bandes 12 der "Geschichte der deutschen Literatur", erschienen in Ostberlin 1983, erkennen dagegen eine Auseinandersetzung "mit der kleinbürgerlichen Willenlosigkeit gegenüber den Kriegstreibern" (S. 261). Kritiker Friedrich Luft, mehrere mögliche Auslegungen im Blick, denkt auch an eine Warnung vor denen, "die mit der Teufelsbombe kokeln" (nach AR 9, S. 89).

Für das Theaterleben der Bundesrepublik haben Frischs Stücke wie die von Dürrenmatt erhebliche literaturgeschichtliche Bedeutung. Sie erlangten bis zu den frühen sechziger Jahren in Deutschland weitaus größere Popularität als in der Schweiz, und der von ihnen ausgehende Reiz zu produktiver Auseinandersetzung ist ungebrochen.

In seinen Memoiren "Als wär's ein Stück von mir" nennt Carl Zuckmayer den Schweizer Max Frisch einen Dichter, „mit dem man verbündet war, eh man ihn gekannt hatte – in der geheimen Brüderschaft, welche die Wahrheit liebt und das reine Wort". (S. 471)

Ein wenig beizutragen zu einem Verbündetsein, daß aus der Werkkenntnis und dem Weltverständnis erwächst, haben sich die vorliegenden Seiten zum Ziel gesetzt.

Daten zur Biographie von Max Frisch

1911	15. Mai als Sohn eines Architekten in Zürich-Hottingen geboren
1924-1930	Realgymnasium in Zürich bis zur Hochschulreife
1931-1933	Studium der Germanistik an der Universität seiner Vaterstadt; Abbruch des Studiums aus finanziellen Gründen; Aufnahme einer freien Journalistentätigkeit; Reiseberichte über Ungarn, Balkanstaaten, Türkei
1936-1941	Architekturstudium an der Eidgenössischen Technischen Hochschule in Zürich bis zum Erwerb des Diploms
1938	Conrad-Ferdinand-Meyer-Preis
1939-1945	Ableistung der Militärdienstpflicht im Grenzdienst
1942	Heirat mit Constanze von Meyenburg; Gründung eines Architekturbüros in Zürich; danach für längere Zeit Doppelberuf als Architekt und Schriftsteller
1946	Aufenthalte in Deutschland, Italien und Frankreich
1948	Aufenthalte in Prag, Berlin und Warschau; Bekanntschaft mit Bertolt Brecht während dessen Aufenthalt am Genfer See
1950	Spanienreise
1951	USA-Reise, Rockefeller-Stipendium
1954	Auflösung des Architekturbüros; Ausüben des Schriftstellerberufs
1955	Wilhelm-Raabe-Preis
1956	erneute USA-Reise
1957	Arabien-Reise
1958	Veillon-Preis
1959	Scheidung von Constanze von Meyenburg
1960-1965	Wohnsitz in Rom

1962	Georg-Büchner-Preis; Großer Kunstpreis von Nord-rhein-Westfalen; Dr. honoris causa der Philipps-Univer-sität Marburg
1965	Übersiedlung in den Tessin; Schiller-Preis des Landes Baden-Württemberg; Reise nach Israel
1966	Aufenthalte in der UdSSR und in Polen
1968	erneute UdSSR-Reise
1969	Reise nach Japan
1970	erneute Reise in die USA
1986	internationale Würdigungen zum 75. Geburtstag des Dichters

Ausgewählte bibliographische Angaben

1934	Jürg Reinhart
1937	Antwort aus der Stille
1940	Blätter aus dem Brotsack
1943	Bin oder die Reise nach Peking Santa Cruz
1946	Nun singen sie wieder J'adore ce qui me brûle oder Die Schwierigen Marion und die Marionetten
1947	Die Chinesische Mauer Tagebuch mit Marion
1949	Als der Krieg zu Ende war
1950	Tagebuch 1946 - 1949
1951	Graf Öderland
1953	Don Juan oder Die Liebe zur Geometrie Rip van Winkle Herr Biedermann und die Brandstifter

Frisch und das Brechttheater

Als Bertolt Brecht aus der Emigration in den USA nach Europa zurückkehrte, hatte er von mehr als dreißig Bühnenstücken, die aus seiner Feder stammten, nahezu die Hälfte noch nie auf einer Bühne gesehen. Die Theorie des 'epischen Theaters' – später verwendete Brecht bevorzugt die Bezeichnung 'dialektisches Theater' – verstand er selbst wohl am wenigsten als ein in starre Regeln gegossenes Unabänderliches, wenngleich es am handlichen Regelwerk keineswegs mangelte: 1949 erschien das 'Kleine Organon für das Theater'. In siebenundsiebzig thesenhaft gefaßten Abschnitten fixierte es die Positionen des Brechttheaters, wie sie sich in mehr als zwei Jahrzehnten während Ausformung gebildet hatte und dazu bestimmt waren, bis zum allzufrühen Tode ihres Schöpfers 1956, in der Feuerprobe praktischer Theaterarbeit am 'Berliner Ensemble' sich fortzuentwickeln.

Auf seinem Rückweg aus dem amerikanischen Exil machte Brecht für ein halbes Jahr Station am Züricher See, bevor er im August 1948 nach Ostberlin, seiner neuen Wahlheimat, übersiedelte. In dieser Zeit kamen sich Brecht und Max Frisch sehr nahe.

„... anstrengend wie wohl jeder Umgang mit einem Überlegenen ..." sei ihre Bekanntschaft gewesen[1], gesteht der Schweizer in einer Tagebuchnotiz, und er hat dabei die nicht selten provokante Dialektik Brechts im Sinn: „Meinerseits habe ich dort, wo Brecht mit seiner Dialektik mattsetzt, am wenigsten von unserem Gespräch; man ist geschlagen, aber nicht überzeugt."[2]

Auf rund zehn Druckseiten seines 'Tagebuchs 1946-1949'[3] charakterisiert der Dichter Frisch den Dichter Brecht. Einen „Jesuiten des

---

[1] Frisch, Tagebuch 1946-1949, S. 285

[2] a.a.O., S. 286

[3] a.a.O., S. 285-293

Diesseits"[4] sieht er in ihm, einen "Dichter ohne Weihrauch"[5]. Und auch dies gehört zum Bilde: „Am besten klappt unser Umgang, wenn das Gespräch, das Brecht immer auch den Einfällen und Bedürfnissen des andern überläßt, um Fragen des Theaters kreist, der Regie, der Schauspielerei, Fragen auch des schriftstellerischen Handwerks ..."[6]

Brecht hat ihm das Manuskript des 'Kleinen Organon' zugänglich gemacht, und Max Frisch, der ja doch zu diesem Zeitpunkt noch unterwegs ist, ein Dramendichter zu werden – bislang dominiert Prosa in der Bibliographie – fühlt sich gepackt: „Was Brecht in seinem Organon schreibt über den 'Verfremdungseffekt', nämlich: die theatralische Verfremdung solle den gesellschaftlich beeinflußbaren Vorgängen den Stempel des Vertrauten wegnehmen, der sie heute vor dem Eingriff bewahrt – ferner: der Zuschauer soll sich nicht einfühlen, es soll verhindert werden, daß das Spiel ihn in Trance versetzt, sein Vergnügen soll vielmehr darin bestehen, daß ihm im Spiel gewisse Vorgänge, die ihm vertraut sind und geläufig, verfremdet werden, damit er ihnen nicht als Hingerissener, sondern als Erkennender gegenüber sitzt, erkennend das Veränderbare, erkennend die besondere Bedingtheit der Handlung, genießend das höhere Vergnügen, daß wir eingreifen können, produzierend in der leichtesten Weise, denn die leichteste Weise der Existenz (sagt Brecht) ist in der Kunst ... Es wäre verlockend, all diese Gedanken auch auf den erzählenden Schriftsteller anzuwenden.[7] Verfrem-

[4] a.a.O., S. 288
[5] a.a.O., S. 293
[6] a.a.O., S. 291
[7] Mit direkter Beziehung auf Frischs Tagebucheintragung zum 'Kleinen Organon' sieht Hans Geulen in seiner Dissertation "Max Frischs 'Homo Faber'" dieses Experiment als verwirklicht an: „Wir sind der Meinung, daß der Faber-Roman einen solchen Versuch der Anwendung von Verfremdung und Desillusionierung darstellt. Die Einfühlung des Lesers wird durch den Berichterstatter in mehr als einer Beziehung verhindert. Überall da, wo er gewohnt ist, sich hinrei-

dungseffekt mit sprachlichen Mitteln, das Spielbewußtsein in der Erzählung, das Offen-Artistische, das von den meisten Deutschlesenden als 'befremdend' empfunden und rundweg abgelehnt wird, weil es 'zu artistisch' ist, weil es die Einfühlung verhindert, das Hingerissensein nicht herstellt, die Illusion zerstört, nämlich die Illusion, daß die erzählte Geschichte 'wirklich' passiert sei usw."[8]

Gipfeln läßt Max Frisch das Charakterbild Brechts in einer Lobpreisung intellektueller Redlichkeit: „Seine Proben haben nie die Luft eines Boudoirs, sondern einer Werkstatt. Auch sonst hat Brecht dieses Ernsthaft-Bereitwillige, das keine Schmeichelei ist und auch keine duldet, das Überpersönlich-Bescheidene eines Weisen, der an jedem lernt, der über seinen Weg geht, nicht von ihm, aber an ihm."[9]

Hier äußert sich sichtlich ein Beeindruckter, der starke Impulse empfangen hat, der fortan unter dem Einfluß seines unbequemen Gegenübers wirken und schaffen wird. Freilich nicht im Sinne bloßer Nachfolgeschaft bei Übernahme der reinen Lehre, wohl aber im Zeichen produktiver Aneignung und Auseinandersetzung. Nicht blindäugige Gefolgschaft und das Indienststellen des eigenen Werkes prägen Frischs Verhältnis zum Brechttheater, sondern in aller Eindeutigkeit die Inanspruchnahme für das eigene Werk.

Gewisse Züge des Verhältnisses zwischen Thomas Mann und dem Dreigestirn Wagner-Nietzsche-Schopenhauer scheinen anzuklingen. So überaus deutlich die Einflüsse Brechts in der Dramatik Max

---

ßen zu lassen, wird er enttäuscht oder herausgefordert … Der Roman wird zum Bericht verfremdet, das Gewohnte zum Ungewohnten, das Erwartete zum Unerwarteten. Andererseits aber verhilft dieser Bericht infolge der Aufhebung oder Umfunktionierung von Spannung dazu, das Geschehen rein, will sagen: unabhängig von einer subjektiven Verzerrung anzuschauen." (Hans Geulen, Max Frischs 'Homo Faber'. Studien und Interpretationen, S. 54)

[8] Frisch, Tagebuch 1946-1949, S. 294

[9] A.a.O.

Frischs hervortreten, so fundamental unterschiedlich stellen sich die geistigen Standorte und Wikungsabsichten ihrer Werke dar.

Brecht, der Marxist, ist von der Realisierbarkeit eines vollkommenen Gesellschaftszustands unbeirrbar überzeugt. Seine Kunst will diese neue Gesellschaft geistig vorbereiten. Sie ist ihrem Wesen nach optimistisch.

Max Frisch, ein Zweifler an der Wirksamkeit des Poeten, sagt ideologisch erstarrten Klischees den Kampf an. Wenn er seinem Berufsstande verändernde Kraft überhaupt zutraut, dann im Hinblick auf das Zersetzen von Phrasen, Stereotypen und Ideologien. Ansonsten gilt Pessimistisches.

So lesen wir bei Brecht:

> „Verehrtes Publikum, los such dir selbst den Schluß!
> Es muß ein guter da sein, muß, muß, muß!"
>
> (Der gute Mensch von Sezuan, Epilog)

So lesen wir bei Frisch:

> „Hat denn unsereiner, ein Intellektueller,
> jemals das Verhängnis abzuwenden vermocht,
> nur weil er es voraussieht?"
>
> (Die chinesische Mauer)

Eine gültige Untersuchung jener Fragen, die mit der Position Max Frischs zum Brechttheater einhergehen, ist im vorliegenden weder beabsichtigt, noch möglich. Wenngleich wir uns mit umrißhafter Abbildung begnügen müssen, sei für speziell Interessierte auf zwei Veröffentlichungen hingewiesen, die im vorstehenden Zusammenhang von Gewicht sind.

Manfred Durzak widmet in seinem Buch 'Dürrenmatt. Frisch. Weiss. Deutsches Drama der Gegenwart zwischen Kritik und Utopie' das Kapitel 'Poetik des Möglichkeitstheaters' (S. 145-156) dem Wege Max Frischs zum Schriftstellerberuf. Ausführlich setzt er sich unter der Überschrift '2. Contra Brecht: Veränderung als ästhetische

Kategorie' (S. 148-152) mit dem Frisch-Aufsatz 'Der Autor und das Theater' auseinander, in welchem gegen Brechts These von der notwendigen Abbildbarkeit der Welt auf dem Theater polemisiert wird. 'Ich-Erkundung' und 'Dramaturgie des Zweifels' sind die Überschriften der abschließenden Kapitelteile formuliert, den Bezug zu unserem Gegenstand anklingen lassend.

Ursprünglich war 'Der Autor und das Theater' als Rede gehalten worden bei der Eröffnung der Frankfurter Dramaturgen-Tagung 1964. Als Aufsatz wurde der Text in die Sammlung 'Öffentlichkeit als Partner' einbezogen und in der 'edition suhrkamp' Band 209 ver-öffentlicht (S. 68-89). Faszinierend lebendig setzt sich Frisch mit der gesellschaftlichen Relevanz des Theaters auseinander. Er geht dabei deutlich auf Distanz zu grundsätzlichen Postulaten der Brechtianer: „Wie immer das Theater sich gibt, ist es Kunst: Spiel als Antwort auf die Unabbildbarkeit der Welt. Was abbildbar wird, ist Poesie. Auch Brecht zeigt nicht die vorhandene Welt. Zwar tut sein Theater, als zeige es, und Brecht hat immer neue Mittel gefunden, um zu zeigen, daß es zeigt. Aber außer der Gebärde des Zeigens: was wird gezeigt? Sehr viel, aber nicht die vorhandene Welt, son-dern Modelle der brecht-marxistischen These, die Wünschbarkeit einer anderen und nichtvorhandenen Welt: Poesie."[9]

Zwischen den Tagebucheintragungen von 1948 und der Frankfurter Rede rund eineinhalb Jahrzehnte später liegen die Stationen des Biedermann-Stücks und des Andorra-Modells, auf eigene, ein-dringliche Weise markierend, was der Dichter Max Frisch aus dem dialektischen Theater jenes Bert Brechts für sich zu nutzen wußte, den er einst, um die Zeit ihrer jungen Bekanntschaft als „einen Mann mit befristeten Aufenthalten" erkannte[10]: „In 'Biedermann und die Brandstifter' wird der Einfluß Brechts dann am deutlichsten; es muß als dasjenige Stück Frischs gelten, das am genauesten den Regeln

---

[9] Max Frisch, Öffentlichkeit als Partner, S. 76
[10] Tagebuch 1946-1949, S. 293

des epischen Theaters entspricht. Hier wirkt das Lehrstück als sozialpolitische Demonstration. Die Hypothese einer pädagogischen Parabel erfährt ihre dialektische Inszenierung. Im wesentlichen erweist sich das Schauspiel als praktische Kritik an der Gesellschaft.

Mit 'Andorra' geht Frisch eigene Wege. Hier überspielt er die Konvention des epischen Theaters. Das Neuartige des Werkes, und damit ein entschiedener Höhepunkt in der Entwicklung Frischscher Dramaturgie, liegt in der Aufgabe des erzählerischen Stiles zugunsten eines Versuches, durch perspektivierte Handlung dramatisch zu analysieren. (...) Man könnte provokatorisch behaupten, das epische Theater werde in 'Andorra' durch eine neue dramatische Form karikiert."[11]

---

[11] Manfred Jurgensen, Max Frisch. Die Dramen, S. 83

Biedermann und die Brandstifter

Entstehungsgeschichte der Parabel

Juristen sprechen von "der normativen Kraft des Faktischen" und haben dabei die Macht der Tatsachen im Sinn. Zuweilen rückt diese Macht auch Urteile der sekundären Literaturbetrachtung zurecht: "Biedermann und die Brandstifter" ... darf in einer Gesamtdarstellung der Werke Frischs nicht ganz außer acht gelassen werden"[12] merkt ein Interpret an.

An anderer Stelle wird gewertet: „Das Stück reicht jedoch tiefer; es bezieht seinen eigentlichen bedeutenden Gehalt aus jener Wesensmitte des Dichters, auf die sich alle seine Werke immer wieder zurückführen lassen."[13]

Beide Bekundungen stammen aus derselben Feder. Nur ist, als der zweite Text erscheint, der "Biedermann" rund zehn Jahre über die Bühnen Europas gegangen. Augenscheinlich gedieh mit dem Respekt vor dem Bühnenwerk auch die sprachliche Verblasenheit der kritischen Würdigung.[14]

Allerdings wird das Beiläufige der ersten Äußerung von einem Selbstzeugnis Max Frischs gestützt. „In dem Werkstattgespräch mit Bienek hat er über die Entstehung berichtet: 'Erschöpft vom Homo faber, der eben fertig war, fühlte ich mich nicht fähig, sogleich an das große Stück vom andorranischen Juden zu gehen. Auch hatte ich

---

[12] Eduard Stäuble, Max Frisch. Ein Schweizer Dichter der Gegenwart, S. 74.

[13] Eduard Stäuble, Max Frisch. Gesamtdarstellung seines Werkes, S. 110.

[14] In dieser Hinsicht leistet Stäuble offensichtlich Bemerkenswertes. So sieht sich Manfred Jurgensen veranlaßt, das Folgende festzustellen: „Wenn Stäuble beispielsweise über den Dramatiker Frisch schreibt: 'Er rüttelt uns auf, indem er uns auf der Bühne das Problem in packender Verdichtung (?) erleben läßt', so hätten wir allzu gern erfahren, wie so etwas in Praxis vor sich geht." (Max Frisch. Die Dramen, S. 10).

lange nicht für die Bühne geschrieben, Fingerübung war vonnöten. So nahm ich das Hörspiel, um zwei Monate lang meine Fingerübung zu machen, die dann über 70 deutsche und viele fremdsprachige Bühnen ging; ich habe nicht damit gerechnet, daß ich von diesem Haarölschwindler leben werde.'"[15]

Bis es freilich dazu kommen konnte, ist eine lange Entstehungsgeschichte der "Biedermann"-Parabel zu verzeichnen, die sich an folgenden Jahreszahlen fixieren läßt.

1948   erste Version des Biedermann-Stoffes unter dem Zwischentitel "Burleske" in Frischs Tagebuch (S. 243 - 249).

1953   Hörspiel "Herr Biedermann und die Brandstifter" im Auftrag des Bayerischen Rundfunks; Frisch sagt später selbst, er habe die Tagebuch-Fassung dafür „in provisorischer Weise ausgebeutet".[16]

1958   Fertigstellung der Bühnenfassung "Biedermann und die Brandstifter"; Uraufführung am 29. März am Züricher Schauspielhaus. Regie führt Oskar Wälterlin. Max Frisch selbst gestaltet das Bühnenbild. Der Beitrag des Dichters für das Programmheft gerät im Zusammenhang mit dem Stück zu einem wichtigen Selbstzeugnis, das uns den Zugang zum Verständnis der Schaffensziele Frischs erleichtert: „Abenteuerliches vollstreckt sich im Schweigen. Die Worte, die ausgesprochen, sind wie jene Fähnlein, die man auf die Landkarte steckt, um einen Feldzug zu verfolgen. Was ist geschehen, daß das nächste Fähnlein hier und nicht dort steht; was hat sich bewegt, was ist erstarrt? ... Auch das Ausgesparte muß gedichtet sein. Ganze Seiten reicher Prosa, die nicht geschrieben werden dürfen, auch nicht ein-

---

[15] Manfred Durzak, Dürrenmatt. Frisch. Weiss. Deutsches Drama der Gegenwart zwischen Kritik und Utopie, S. 208.

[16] Manfred Jurgensen, Max Frisch. Die Dramen, S. 69.

mal als Leitfaden für den Schauspieler, müssen in Erscheinung aufgehen können …"[17]

Um eine abendfüllende Spieldauer zu erreichen, wurde zusammen mit dem "Biedermann" der Einakter "Die große Wut des Philipp Hotz" gegeben.

1958   Erstaufführung für Deutschland in Frankfurt im September; Frisch gibt dem Stück für diesen Anlaß ein "Nachspiel". Eisenring ist darin zum Herrn der Unterwelt avanciert, Schmitz zum Beelzebub. Die Biedermanns jammern in der Hölle uneinsichtig um Wiedergutmachung. Schließlich kehren alle auf die Erde zurück, der unbelehrte Biedermann zu seinen Geschäften, die Brandstifter zu dem Ihren. Alles kann von vorne beginnen.

Dieses Nachspiel ist sehr umstritten. Während Stäuble es ein „sehr theaterwirksames Satyrspiel"[18] nennt, erblickt Durzak darin eine „ärgerliche kabarettistische Variante des Themas" und merkt an: 'Frisch hat hier lediglich den Wünschen von Theaterregisseuren nach einem abendfüllenden Stück Rechnung tragen wollen, aber im Grunde damit die Wirkung seines Stückes abgeschwächt.'[19]

Nachzutragen bleibt, daß bei einem Aufenthalt Dürrenmatts, der ihn 1955 für geraume Zeit in Männedorf im Hause Frischs verweilen ließ, der Plan für ein Knechtling-Stück aus Dürrenmatts Feder entstand, der aber später nicht zur Ausführung gelangt ist. Von hier aus erfährt Durzaks These Unterstützung. Die Wahrscheinlichkeit spricht dafür, daß eine theatralische Behandlung des Schicksals von Johann Knechtling, dem Erfinder des Haarwassers und schließlichen Selbstmörder, durch den Dichtergefährten Dürrenmatt die fragwürdige Nachspiel-Variante zum "Biedermann" überflüssig gemacht hätte.

---

[17] Eduard Sträuble, Max Frisch. Gesamtdarstellung …, S. 104.

[18] ebenda, S. 120.

[19] Manfred Durzak, Dürrenmatt. Frisch. Weiss, S. 219.

Fernsehinszenierungen in der Bundesrepublik und in der DDR haben dem "Biedermann" in beiden Teilen Deutschlands zur Popularität verholfen. Und kaum eine der zahlreichen Würdigungen zu Frischs 75. Geburtstag, die nicht ausdrücklich dieses Stückes Erwähnung getan hätte, läßt sich finden.

Mit Sicherheit liefert das Biedermann-Stück einen auffindbaren Mosaikstein zu jenem "Menschenbild grausamer Güte", das auch den Deutschen einen Spiegel vorhalte, von dem Bundespräsident Richard von Weizsäcker in seinem ehrenden Schreiben an den Jubilar gesprochen hat.

Der Gang der Handlung

Im "Tagebuch 1946-1949" beginnt die "Burleske" mit folgenden Sätzen: „Eines Morgens kommt ein Mann, ein Unbekannter, und du kannst nicht umhin, du gibst ihm eine Suppe und ein Brot dazu. Denn das Unrecht, das er seiner Erzählung nach erfahren hat, ist unleugbar, und du möchtest nicht, daß es an dir gerächt werde. Und daß es eines Tages gerächt wird, daran gebe es keinen Zweifel, sagt der Mann. Jedenfalls kannst du ihn nicht wegschicken, und gibst ihm Suppe und Brot dazu, wie gesagt, und sogar mehr als das: du gibst ihm recht. Zuerst nur durch dein Schweigen, später mit Nicken, schließlich mit Worten. Du bist einverstanden mit ihm, denn wärst du es nicht, müßtest du sozusagen zugeben, daß du selber Unrecht tust, und dann würdest du ihn vielleicht fürchten. Du willst dich aber nicht fürchten. Du willst auch nicht dein Unrecht ändern, denn das hätte zu viele Folgen. Du willst Ruhe und Frieden, und damit basta!"[20]

In der gleichen eindringlichen Monologform, die sich an einen fiktiven Zuhörer wendet[21], geht es fort: Der Eindringling bekommt Obdach. Doch seine Anwesenheit wird als beunruhigend empfunden. Nach einer Woche hat sich der Quartiergeber schließlich an den Gast gewöhnt. Als dieser einen zweiten Obdachlosen einführt, reicht es nur mehr zu einem Zögern. Der neue Mitbewohner ist immerhin gerade aus dem Gefängnis gekommen, wo er wegen Brandstiftung war. Er zeigt sich frech und aufsässig. Der Hauswirt nennt es Offenheit und fälscht sich aus diesem Verhaltensmuster Scheinbeweise zur Beruhigung der eigenen Ängste. In der Stadt versteht man ihn immer weniger. Bekannte fragen nach der seltsa-

---

[20] Max Frisch, Tagebuch 1946 - 1949, S. 243.
[21] Man beachte das Miteinander von distanzierender Ironie und gleichsam augenzwinkernder Solidarisierung mit dem Zuhörer, das eine Erzählweise von großer Eindringlichkeit bewirkt.

men Einquartierung, und die bohrenden Fragen der Stammtisch-
brüder verleiden ihm sogar den liebgewordenen Abendschoppen.
Ganz ohne Wirkung bleiben ihre Zweifel freilich nicht. Eine gewisse
Unruhe packt ihn nun doch. Er beobachtet seine Gäste und sieht,
wie sie frank und frei kleine Fässer auf den Estrich transportieren,
die nach Benzin stinken. Auf seine besorgten Fragen bekommt er
das offene Zugeständnis brandstifterischer Absichten zur Antwort.
Aber gerade diese Ungeniertheit irritiert und muß zur Selbstberuhigung herhalten. Ein gewaltsamer Hinauswurf der ungebetenen
Gäste mit Hilfe der Behörden wäre ohnehin nicht möglich. Schließlich hat er sie entgegen der Meldeordnung in seinem Hause beher-
bergt.

Also setzt der Hauswirt auf die besänftigende Wirkung eines Verbrü-
derungsmahles und geht, die Estrich-Bewohner zum Frühstück zu
bitten.

Einer von ihnen prüft gerade an der offenen Dachluke die Windrich-
tung. Der andere ist ausgegangen in Geschäften: Er will Holzwolle
besorgen. Fest entschlossen, sich trotz allem nicht zur fürchten, tut
der Hauswirt, als habe er nichts gehört, zumal ja seiner Überzeugung
nach einer, der so offen über das Zündeln redet, es in Wirklichkeit
niemals tun wird. Aber da es doch besser ist, mit derartigen Leuten
auf freundschaftlichem Fuße zu stehen, lädt er sie zum Abendessen
ein. Holzwolle haben sie nicht bekommen, wie sich im Gespräch
zeigt. Aber die in einer Garage gestohlenen Putzfäden sind ihnen gut
genug. Das offen eingestandene Eigentumsvergehen bietet dem
Hauswirt Gelegenheit, die buhlende Verbrüderung so weit zu treiben, daß nun er zugibt, auch seinerseits schon manches Unrecht
begangen zu haben, was bei den Gästen nur mäßiges Interesse findet. Überhaupt scheinen sie die gemeinsame Mahlzeit nicht mehr
weiter ausdehnen zu wollen. So wird der Gastgeber die dritte Wein-
flasche alleine leeren müssen, und die "Burleske" neigt sich zu
ihrem Ende: „Nur beim Abschied, als du gewisse Hoffnungen aus-
drückst, daß die Menschen einander näherkommen und einander

helfen, bitten sie dich nochmals um Streichhölzer. Ohne Zigaretten. Du sagst dir mit Recht, daß ein Brandstifter, ein wirklicher, besser ausgerüstet wäre, und gibst auch das, ein Heftlein mit gelben Streichhölzern, und am andern Morgen, siehe da, bist du verkohlt und kannst dich nicht einmal über deine Geschichte verwundern …"[22)]

In dieser "Burleske" sind die Grundlinien der Biedermann-Handlung modellhaft vorgezeichnet. Gewissermaßen als Keim der im Bühnenstück über die Knechtling-Handlung eingeführten sozialen Fragestellung klingt das Unrechtsmotiv an.

Die Handlung des Bühnenstücks nimmt folgenden Verlauf.

In einer Art Vorspiel erscheint Gottlieb Biedermann im Licht eines aufflammenden Zündholzes auf der Bühne und nennt das zentrale Motiv des dramatischen Geschehens: Die Zeiten sind so, daß er schon beim Anzünden seiner Zigarre an Feuersbrunst denkt.

Der Chor der mit ihm zusammen sichtbar gewordenen Feuerwehrleute stellt sich und seine Aufgabe dem Publikum vor. Mit dem Glockenschlag der Turmuhr beginnt die Wache und auch das eigentliche Spiel.

Szene I

Gottlieb Biedermann liest Zeitung und regt sich dabei auf. Wieder hat ein vorgeblicher Hausierer auf dem Dachboden Unterschlupf gesucht und dann das Haus angezündet.

Just in diesem Augenblick erinnert das Dienstmädchen Anna an jenen Hausierer, der schon seit einer Stunde vor der Türe wartet, sich nicht abweisen läßt und unbedingt Herrn Biedermann zu sprechen verlangt. Anna kann ihn nicht hinauswerfen. Er ist einfach zu stark dafür.

[22)] Max Frisch, Tagebuch 1946 - 1949, S. 249.

So entschließt sich Biedermann, dem Zudringlichen draußen irgendeine Kleinigkeit abzukaufen, um ihn loszuwerden, als dieser bereits ins Zimmer tritt.

Der vermeintliche Hausierer entpuppt sich als der arbeitslose Ringer Josef Schmitz. Er gibt an, gekommen zu sein, weil es regnet und er kein Obdach habe.

Angesichts der gewalttätig wirkenden Erscheinung bleibt Biedermann der Protest im Halse stecken. Verlegen bietet er dem Fremden eine Zigarre, Brot und Wein an. Schmitz, seine Unverschämtheit mit nichtssagenden Höflichkeitsfloskeln garnierend, verlangt überdies allerlei reichliches Zubrot. Während man auf das Essen wartet, beginnt er Biedermanns harte Haltung gegenüber den Brandstiftern zu loben, wie dieser sie am Vorabend in der Stammtischrunde kundgetan hatte: Aufhängen sei das Einzigrichtige. Das Wort "Gewissen" fällt und erinnert den Ringer an seinen ehemaligen Zirkusdirektor, der vom Unwert des Gewissens überzeugt gewesen sei. Beim Niederbrennen des ganzen Zirkus ist auch der Direktor ums Leben gekommen. Schmitz bringt die Rede auf die Unterkunftsfrage. Er versichert zu glauben, daß Biedermann kein freies Bett habe, sei aber schon mit einem Platz auf dem Boden zufrieden. In gleisnerische Lobreden verpackt, bringt er eine kaum bemäntelte Drohung an: der Versuch, einem Ringer das Obdach zu verweigern, kann leicht zu einer gebrochenen Schulter führen.

Erst als Schmitz sich dem Nachtmahl widmet, kommt Biedermann wieder ausfühlicher zu Wort. Er bittet den Eindringling gewissermaßen um Verständnis für das gezeigte Mißtrauen, sprechen doch die Zeitungen immer wieder von Brandstiftungen.

Schmitz, mit den berichteten Vorgängen offenkundig vertraut, hält wenig von der Zeitungslektüre. Er amüsiert sich ungeniert über die Art der Berichterstattung.

Anna meldet Herrn Knechtling. Biedermann läßt diesen nicht vor. Er steigert sich in Aufregung, die ihre Quelle im schlechten Gewissen hat, wie man aus seinen fahrigen Reden entnehmen kann. Knechtling kämpft um eine Beteiligung an seiner eigenen Erfindung, die ihm von Biedermann verweigert wird. Er hat Knechtling das Arbeitsverhältnis aufgekündigt. Nun mag er sich entweder einen Anwalt nehmen oder unter dem Gasherd enden.

Schmitz nimmt die Gelegenheit wahr, um die Menschlichkeit des Hausherrn zu loben, weil er ihn, den Ringer, nicht einfach beim Kragen packe und vor die Tür werfe. Angesichts der kaum verklungenen Warnung vor einer gebrochenen Schulter gerät solches Lob zur Denunziation.

Biedermann, immer noch vom schlechten Gewissen geplagt, hält es für notwendig, dem abenteuerlichen Fremden zu erklären, daß er von Frau Knechtling zu Unrecht ein Unmensch geheißen werde.

Schmitz gibt ihm unverzüglich recht: Herr Biedermann wäre natürlich kein Unmensch, sonst würde er ihm ja auch nicht Obdach gewähren. Damit ist sein Verbleiben unter Biedermanns Dach gesichert. Frau Babette Biedermanns Klingeln an der Haustür gemahnt zum beschleunigten Aufbruch in Richtung Dachboden, wo Schmitz einquartiert wird.

Babette hat das rostige Fahrrad, mit dem der Ringer gekommen ist, draußen neben der Haustür für das Eigentum von Annas Schatz gehalten.

Auf dem Dachboden fragt Biedermann, um Selbstberuhigung bemüht, den erheiterten Gast: „Sie sind aber wirklich kein Brandstifter?" Er erntet nur ein Lachen als Anwort.

Babette erklärt indessen dem Publikum, wie dankbar sie ihrem Gottlieb ist, daß er jeden Abend persönlich den Dachboden inspiziert, damit sich ja kein Brandstifter einschleiche. Sonst könnte sie die halbe Nacht nicht schlafen.

Der Chor der Feuerwehrleute verharrt in unermüdeter Wachsamkeit, während die Stadt in vertrauendem Schlummer liegt. Einzig in Babettes Stube wird Licht. Auf dem Dachboden hat einer gehustet. Gottlieb kann sie nicht fragen. Der schnarcht in tiefem Schlafpulver-

Traum. Babette löscht das Licht. Der Chor konstatiert, der Stadt sei heute noch nichts geschehen: „Heil uns!"

Szene 2

Biedermann ist aufgeregt wegen Babettes Fragen, die den nächtlichen Störenfried betreffen. Auch die allgemeine Brandstifterhysterie macht ihn verrückt. Wo soll man hinkommen mit diesem Mangel an Vertrauen?

Babette will Schmitz noch ein Frühstück geben. Dann aber soll er entschlossen aus dem Hause geschickt werden. Wenn auch in aller Freundlichkeit.

Biedermann ist mit seinen Gedanken bei der Knechtling-Affaire. Er will zum Rechtsanwalt. Angeblich hat er den Angestellten trotz immerwährender Zufriedenheit mit dessen Arbeitsleistung entlassen, weil er ihn nicht mehr braucht. In Wahrheit aber wohl eher deswegen, weil Knechtling auf einer Erfindungsbeteiligung besteht. Mit Hilfe des Anwalts will Biedermann ihm jetzt „die Kehle schon umdrehn". Schmitz, vom Dachboden gekommen, hat dem Gespräch der Eheleute unbemerkt zugehört. Auch als Biedermann die Produkte seiner Firma als "eine kaufmännische Leistung" – im Klartext: als Betrug am Käufer – deklariert, weil sie gänzlich ohne Wirkung seien, ist ihm das nicht entgangen.

Jetzt bleibt er mit Frau Babette allein zurück, die ihm ein reichhaltiges Frühstück serviert. Die Hausfrau findet nicht den Mut, ihren Brandstifter-Verdacht offen auszusprechen. Schmitz weidet sich an ihrer Angst. In der Verwirrung des Augenblick versichert sie, sich in keiner Weise über sein Benehmen beklagen zu wollen.

Der Ringer greift das Wort "Benehmen" sofort auf, münzt es zu einem gegen ihn gerichteten Vorwurf um und spielt den von sozialem Hochmut Gekränkten. In grotesker Umkehr der Situation droht er jetzt damit zu gehen, hinaus in den Regen. Er, der seit seinem siebenten Jahr ohne Mutter ist, sei solche Härten gewohnt. Babette fleht den Ringer jetzt förmlich an, er möge bleiben, bis dieser sich endlich besänftigen läßt und zu seinem Frühstück zurückkehrt.

Noch einmal will er wissen, was Babette vorhin eigentlich habe sagen wollen. Doch die erinnert sich nicht mehr.

Abermals nimmt das Gespräch eine überraschende Wendung. Der Willi, versichert Schmitz, werde Augen machen, wenn er ein solches Frühstück bekäme. Der Willi habe Kultur. Er sei im Metropol Oberkellner gewesen, bis es niedergebrannt ist.

Anna meldet einen Herrn im Frack, der Einlaß begehre, um sich für die Feuerversicherung das Haus anzusehen.

Schmitz weiß: „Der Willi!"

Der Chor der Feuerwehrleute, wachsam wie eh und je, registriert jetzt ein zweites verrostetes Fahrrad am Biedermannschen Hause. Keiner der beiden Verdächtigen kommt wieder daraus hervor. Wahrscheinlich, deutet sich's der Chor, seien sie aufgenommen worden mit der Hoffnung, sie wären harmlos. Ein ahnungsvolles „Wehe!" schließt diese Analyse der Situation.

Szene 3

Schmitz und Eisenring sind damit beschäftigt, blecherne Benzinfässer in den Dachboden zu rollen. Sie arbeiten, so leise es geht. Biedermann könnte die Polizei rufen, hält Schmitz für möglich. Eisenring ist überzeugt, dies werde nicht geschehen, weil Biedermann selber strafbar wäre.

Biedermann verschafft sich Zutritt zum Dachboden. Er will Schmitz energisch aus dem Hause weisen, so hat ihn das nächtliche Gepolter aufgebracht.

Als er Eisenrings unvermutet ansichtig wird, nimmt die Verblüffung ihm gleichsam den Wind aus den Segeln. Schmitz und Eisenring lassen mit einer kleinen Komödie die zornige Entschlossenheit ihres

Wirtes ins Leere laufen. Schmitz spielt den Reumütigen, weil er nicht um Erlaubnis für das Unterbringen seines Freundes gefragt hat. Eisenring scheint sich mit Biedermann zu solidarisieren und macht dem Ringer theatralische Vorwürfe für sein Verhalten. Die große Anzahl der Fässer erklärt man mit einem Rechenfehler Schmitz'. Endlich findet sich auch ein Etikett, auf dem deutlich zu lesen steht "Benzin". Biedermann ist entsetzt. Sein ganzer Dachboden voller Benzinfässer! Augenblicklich sollen sie aus dem Hause, oder er wird die Polizei holen. Die Drohung stößt er nur mehr im Flüsterton aus, weil auf der Treppe nach ihm gerufen wird.

Doch die Polizei ist bereits da. In Gestalt eines Beamten, der den Dachboden betritt, um den Gas-Selbstmord des Johann Knechtling zu melden.

Neugierig geworden, fragt der Uniformierte nach dem Inhalt der vielen Fässer. Angeführt von Biedermann antworten alle drei Männer in seltsamer Komplizenschaft: Das Haarwasser HORMOFLOR.

Biedermann geht mit dem Polizisten ab. Eisenring und Schmitz prüfen, ob die Zündkapsel vorhanden ist. Biedermann, stellen sie übereinstimmend fest, sei so noch nie gewesen.

Eine umfängliche Chorpassage beschließt die Szene 3.

Mit „Heil uns!" begrüßen die Choreuten den heraufziehenden Tag über der unversehrten Stadt.

Sie deuten die Situation in Biedermanns Haus als ein Nichtwissen-wollen. Als Biedermann nach einem Taxi rufend auf der Straße erscheint, begrüßen sie ihn mit Wehe-Rufen.

Sie warnen vor den Benzinfässern im Dachboden. Doch Bieder-mann mag von Alledem nichts hören. Er will das Ungewöhnliche weder ausdeuten noch bedenken. Nur an Ruhe und Frieden ist ihm gelegen. Für einen Augenblick erscheint Babette in der Gruppe. Sie mahnt den Gemahl, für Knechtlings Trauerkranz keine Kosten zu scheuen. Nach ihrem Abgehen setzt Biedermann seinen klagenden Monolog fort, mit dem er sich von der ewigen Brandstifterfurcht zu distanzieren sucht. Sogar der Stammtisch sei ihm verleidet. Vertrauen fordert er ein; freilich seien auch ihm Zweifel gekommen angesichts der Benzinfässer. Aber nächtliches Horchen nach dem Dachboden hinauf habe nur die Schnarchgeräusche der ermüdeten Faß-Transporteure hören lassen. Einmal sei er dennoch drauf und dran gewesen, die Eindringlinge auf die Straße zu werfen, eigenhändig und rücksichtslos, mitten in der Nacht. Aber Babettes Erkältungsfurcht hat der spontanen Aktion ein Ende gesetzt.

Der Chor artikuliert Besorgnis: Es stinkt nach Benzin. Aber Biedermann hat sich schon an den Geruch gewöhnt. Er wittert nichts Bedrohliches und entfernt sich im Taxi, seinen Geschäften entgegen. „Weh uns!" steigert der Chor seine Besorgnis.

Der Chorführer analysiert: Einer der die Verwandlungen mehr als das Unheil scheut, kann nichts gegen das Unheil ausrichten.

Szene 4

Auf dem Dachboden pfeift Eisenring emsig arbeitend "Lili Marlen". Er ist allein.

Indessen fordert der soeben aus der Stadt zurückgekehrte Biedermann seine Frau Babette unten im Wohnzimmer auf, für den Abend eine Gans zu braten. Durch eine Anzeige würde er sich die Dachboden-Gesellen zu Feinden machen. Durch eine Einladung hingegen könnte man ihre Freundschaft gewinnen.

Seine Einladung trägt Biedermann auf dem Dachboden fast unterwürfig vor. Schmitz ist abwesend, weil er Holzwolle besorgen soll, welche die Funken bekanntlich am weitesten trägt. Das Fehlen sanitärer Einrichtungen wird von Eisenring nicht weiter tragisch genommen. Zum einen bedient man sich der Dachrinne, zum anderen ist er im Gefängnis ohnehin nicht mit einem Badezimmer verwöhnt worden. Bei dieser Gelegenheit erfährt Biedermann, wo Eisenring hergekommen ist, der sich so ungeniert äußert über Funkenflug, Zündkapsel und Benzin. Biedermann nimmt es für eine absonderliche Form des Scherzens, und Eisenring spricht eine der Schlüsselsentenzen des Stückes aus: Vor Scherz und Sentimentalität komme noch immer als sicherste Tarnung die blanke und nackte Wahrheit, weil sie von niemandem geglaubt wird.

Anna, das Dienstmädchen, läßt die Witwe Knechtling im Wohnzimmer auf Herrn Biedermann warten. Freilich rät die der verhärmten Frau von jeglicher Hoffnung ab.

Oben auf dem Dachboden kommt die Rede indessen auf den Klassenunterschied. Biedermann schwelgt in Verbrüderungsphrasen, die wiederum in der Vorstellung von allgemeiner Ruhe und bewahrtem Frieden ihren Höhepunkt finden. Natürlich unter der Voraussetzung, daß die Privilegien jener, die Herr Biedermann "die Tüchtigen" nennt, nicht angetastet werden. Als erfolgreicher "Haarölschwindler" (Frisch) gehört er dieser Kategorie an.

Eisenring holt ihn gleichsam auf den Boden der Tatsachen zurück, indem er dringend vom Rauchen abrät, hier auf dem mit Zündmaterial vollgestopften Dachboden. Dabei arbeitet er mit Zündkapsel und Zündschnur, nicht ohne Biedermann in allem Freimut die Bedeutung seines Tuns zu erläutern, ja Biedermann darf sogar beim Abmessen helfen.

Der nimmt das Geschehen noch immer für absurden Humor und lobt sich dafür, soviel Verständnis aufzubringen.

Allerdings wird ihm von dem durchdringenden Benzingeruch ziemlich übel. Anna ruft im Treppenhaus seinen Namen. So kann er eben noch im Flüsterton seine Einladung zum abendlichen Gansessen vorbringen. Für den nächsten Tag wäre die Einladung zu spät gekommen, bekundet Eisenring, denn da wäre man wohl nicht mehr hier.

Mit Biedermanns Abgang scheint die Szene zu enden, und der Chor tritt schon nach vorn.

Doch in diesem Augenblick wird es laut auf dem Dachboden, und ein Dritter, der während Biedermanns Anwesenheit nicht zu sehen war, rappelt sich aus seinem Versteck.

Eisenring weist ihn an, während des Nachtessens Wache auf dem Dachboden zu halten. Kritische Distanz trennt ihn von dem Akademiker mit der Brille, den er "Doktor" nennt und einen Weltverbesserer heißt. Eisenring konstatiert einen Mangel an echter Brandstifter-Freude.

Danach erst kommt auch der Chor zu Wort. Er bekundet höchste Einsatzbereitschaft. Menschen und Geräte sind im besten Stande. Babette kommt hinzu, eine Gans in der Hand, den Doktor an ihrer Seite.

Sie werde Biedermann die Botschaft des Dr. phil. ausrichten, da sie ja dringend sei, versichert die Biedermann-Gattin, offensichtlich nur halb bei der Sache.

Die Kirchenglocken des Samstagabends wecken in ihr die bange Ahnung, sie könnten zum letzten Male über der Stadt läuten. Sie hat ihre Zweifel, ob es die richtige Methode ist, die Dachbodengäste mit einem Gänsebraten zu besänftigen.

Zwar weiß auch Gottlieb, daß es sich um Halunken handelt. Aber er fürchtet, daß ihre Feindschaft dem Haarwassergeschäft schadet. Dabei – so deutet Babette mit einem Halbsatz an – verfügt er über einschlägige Erfahrungen, was dabei herauskommt, wenn man sich mit Halunken einläßt, denn „... kaum war er in der Partei". – Sie läßt alles in der schon wiederholt geäußerten Klage münden, ihr Gottlieb sei eben zu gutmütig und geht ab, der rufenden Stimme des Gatten folgend.

Der Chor kommentiert das Erscheinen des dritten Brandstifters, der die Hoffnung auf die weltverbessernde Macht der Güte aufgegeben hat. Er baut auf die gesellschaftsverändernde Kraft der Brandstiftertat und sieht im Benzin nicht das Hilfsmittel pyromanischer Lust, sondern den Stoff, der Ideen zur Anschauung verhilft.

Das schlichte „Guten Abend" des Dr. phil. treibt die Feuerwehrmänner in hektischer Eile an ihre Geräte.

Mit der Bereitschaftsmeldung des Chorführers schließt die Szene.

Szene 5

Wie es Anna vorausgesagt hat, weist Biedermann die Witwe Knechtling ab. Sie soll sich an seinen Rechtsanwalt wenden.

Anna deckt den Tisch für die Abendeinladung, wie es im Hause üblich ist. Biedermann besteht hingegen auf Schäbigkeit: ohne Kerzen, Tafelsilber und Damast. Sogar das Tischtuch soll wegbleiben unter der Devise: „Nur keine Klassenunterschiede!"

Man bringt den für Knechtlings Trauerfeier gedachten Kranz. Aber die Lieferfirma hat alles falsch gemacht. Frau Knechtling bekam die Rechnung, und auf der Schleife steht: „Unserem unvergesslichen Gottlieb Biedermann".

Der Hausherr fährt fort, das Abendessen zu inszenieren. Er entfernt das Tischtuch nun wirklich. Das förmliche Servieren wird unterbleiben, und Anna möge vermittels eines schlichten Pullovers – ganz ohne Dienstboten-Attribute wie Häubchen und Schürzchen – einem Mitglied der Familie gleichen. Einen so schlichten Pullover besäße sie nicht, wendet Anna widerborstig ein.

Beim Wein allerdings hält Biedermann auf Freundschaftsqualität. Er holt ihn selbst aus dem Keller.

Indessen treten Eisenring und Schmitz ein. Holzwolle war nicht aufzutreiben. Sie wird im ganzen Lande aus Vorsichtsgründen nur mehr mit polizeilicher Genehmigung verwendet. Auch Streichhölzchen fehlen ihnen noch zum Gelingen der Brandstiftung. Sie nehmen sich vor, Biedermann darum zu bitten.

Die Szene schließt mit einem Monolog Biedermanns, der an der Rampe gesprochen wird. „Meine Herren" spricht er seine anonymen Zuhörer an, und Choreuten wie Publikum mögen gemeint sein.

Er rechtfertigt sein Handeln. Solange die Brandstifter wie eben, hörbar saufen und grölen, zündeln sie nicht. Natürlich hätte auch er sofort Verdacht geschöpft. Aber was hätten andere wohl an seiner Stelle getan? Und wann?

Als es oben still wird, packt ihn die Unruhe des Ängstlichen: „Ich muß hinauf!"

Szene 6

Im Zimmer befindet sich das Gansessen in vollem Gange. Von Putzfäden, die noch besser brennen, ist die Rede, als Biedermann in den Raum tritt. Sofort ist er bereit, darin einen köstlichen Witz zu sehen. Sein aufgesetztes Gelächter steht in einem merkwürdigen Gegensatz zu Babettes nüchternem Ernst. Sie begehrt, den Grund seiner Heiterkeit zu erfahren. Gottlieb schildert nun den Hergang: Holzwolle habe der Sepp stehlen wollen, und nun sei auf einmal von besser brennenden Putzfäden die Rede. Babette sieht darin nichts Erheiterndes. Sie fragt, ob es denn wahr sei, daß Putzfäden auf den Dachboden gebracht worden wären? Biedermann prahlt damit, er habe sogar dem Willi am Vormittag beim Messen der Zündschnur helfen dürfen.

„Jetzt aber im Ernst, meine Herren, was soll das alles?" will die Hausfrau endlich wissen. Biedermann fühlt sich erneut angespornt, den scherzhaften Charakter der Vorgänge zu betonen und humorloses Spießertum weit von sich zu weisen.

Er stößt mit den Brandstiftern auf die Freundschaft an, und betont den klassenverbindend bescheidenen Stil der kleinen Gesellschaft.

Dies löst eine ironische Umkehrung jener Inszenierung aus, auf der Biedermann für die Abendgesellschaft bestanden hat. Eisenring, die Qualität von Speise und Getränk lobend, bedauert das Fehlen von Damast, Silber, Fingerschalen, Messerbänklein und Servietten. So muß Anna nacheinander herbeischaffen, was sie vorher auf Biedermanns Geheiß entfernt hatte. Schließlich trägt sie wieder Häubchen und Schürzchen. Und sogar die Kandelaber kommen auf den Tisch. Nur die Kerzen muß Biedermann selbst anzünden. Weder Eisenring noch Schmitz besitzen Zündhölzer.

Draußen wartet indessen, von Anna angemeldet, der Dr. phil. Unter vier Augen will er Herrn Biedermann sprechen, um sich von der Brandstiftung zu distanzieren. Doch der hat Gäste und mithin keine Zeit. Eisenring blättert eine neue Seite im Lebensbuch des Ringers

Schmitz auf. Via Köhlerhütte, Waisenhaus und Zirkus sei er auch beim Theater gewesen, freilich nur eine einzige Woche, weil es dann niedergebrannt ist. Und schon liefert der Vielseitige eine Probe seines Könnens als tischtuchverhüllter Geist. Eine szenische Travestie zum "Jedermann" entsteht, der Schmitz freilich eine erschreckende Pointe gibt mit dem Ausruf: „Ich bin der Geist – von Knechtling".

Eisenring macht ihm Vorwürfe für solche Taktlosigkeit und malt dabei genüßlich aus, wie er sich den am gleichen Tage begrabenen Selbstmörder in seinem Sarge vorstellt.

Eine Zigarre überbrückt die entstandene Verlegenheit.

Schmitz, augenscheinlich bemüht, seine Entgleisung vergessen zu machen, singt „Fuchs, du hast die Gans gestohlen...", was angesichts des soeben beendeten Gänseessens eine neue grobe Taktlosigkeit bedeutet. Das dümmliche Wortspiel „Schießgewehr – Scheißgewehr" wird zum Anlaß genommen, die trunkene Verbrüderung mit lärmenden Gesang bis zur Erschöpfung zu treiben, in die hinein der Klang von entfernten Sirenen ertönt.

Eisenrings Erklärung leuchtet ein: man lockt die Feuerwehr unter Beachtung der Föhnrichtung in ein Außenviertel. So ist dann, wenn der eigentliche Brand beginnt, der Weg zurück versperrt.

Biedermann beharrt darauf, es sei alles nur Scherz. Die Brandstifter beteuern das Gegenteil. Sein Haus sei für ihr Vorhaben besonders günstig. Aber der Hausherr will davon nichts hören und schwört Stein und Bein, sie nicht für Brandstifter zu halten, sondern für seine Freunde. Von der Sirene gerufen, drängen die beiden zum Aufbruch. Aber Biedermann nötigt sie, vorher noch mit ihm Brüderschaft zu trinken.

Über den Bruderküssen versärkt sich der Sirenenlärm, Sturmglokken ertönen und der Himmel färbt sich rot.

Die Brandstifter lassen sich zuguterletzt noch von Gottlieb Biedermann mit den fehlenden Streichhölzchen ausstatten, ehe sie in Richtung Dachboden verschwinden.

Nun endlich darf der Dr. phil. eintreten. Er liest eine vorbereitete Erklärung vom Blatt ab. Aber seine Worte gehen im hereindringenden Lärm unter, so daß er ungehört im Publikum verschwindet.

Babette hat die Übergabe der Streichhölzchen wohl beobachtet und macht Gottlieb Vorwürfe. Doch der klammert sich noch immer an seine Sicht der Dinge: Wirkliche Brandstifter hätten selber Streichhölzchen.

Eine Standuhr schlägt. Dann ist es für einen Augenblick still, bis die Geräuschkulisse eine infernalische Feuersbrunst signalisiert.

Wenn das Lärmen abebbt, tritt der Chor vor die Szene.

Begleitet von den nacheinander erfolgenden Detonationen der umliegenden Gasometer ziehen die Choreuten ihre Schlußbilanz.

Viele sind in der Geschichte sinnlos umgekommen. Nichts hat sich geändert. Nach wie vor nehmen die Menschen auch das als ihr Schicksal an, was jeder voraussieht.

Mit dem dreifachen Ausruf „Weh uns!" wird die zutiefst pessimistische Schlußtendenz des Stückes unterstrichen.

Nachspiel

Die Uraufführung des "Nachspiels" erfolgte mit der deutschen Erstaufführung am 29. 9. 1958 durch die Städtischen Bühnen Frankfurt am Main unter der Regie von Harry Buckwitz.

Die Personen sind weitgehend identisch mit denen des Stückes. Neben Biedermann, Babette, Anna, der Witwe Knechtling und dem Chor treten auf: Beelzebub (der Ringer Schmitz), eine Figur (Eisenring) und Meerkatze (der Dr. phil.) sowie ein Polizist.

Biedermann und Babette finden sich auf der leergeräumten Bühne wieder. Sie wissen nicht, wo sie sind und ob sie noch leben. Zumal ein Papagei kreischt, ein Säugling schreit und die Hausklingel schellt. Da alles dafür spricht, man sei tot, wähnt man sich im Himmel.

Anna wandelt stumm vorbei mit langem, giftgrünem Haar.

Babette hofft, Anna werde nicht melden, daß Biedermann den Brandstiftern Streichhölzchen gegeben hat.

Das Erscheinen eines Polizisten nehmen sie zum Anlaß, sich ihm als beschwerdeführende, schuldlose Opfer zur präsentieren. Doch sie finden kein Gehör.

Eine Meerkatze entpuppt sich als der Dr. phil. Der Polizist geht ihm bei der Verwaltung von Akten zur Hand, die sich auf Verdammte und ihre Vergehen beziehen.

Meerkatze vermißt die großen Sünder, die Minister und Marschälle. Biedermanns als Zuhörer dieser Szene entdecken: „Wir sind in der Hölle!"

Gottlieb will den Teufel sprechen. Eines Ausweises bedarf es nicht, versichert die Meerkatze, der Teufel kenne ihn. Man fragt nach seinen Wünschen. Biedermann erklärt obdachlos zu sein, und in deutlicher Rückbeziehung auf Szene 1 des Stückes wird jetzt ihm Brot und Wein angeboten. Doch er lehnt ab und fordert Wiedergutmachung des erlittenen Unrechts.

Die Meerkatze kommt mit der Mitteilung zurück, der Teufel sei noch nicht zurück von äußerst zähen Verhandlungen im Himmel, wo man sich nicht mehr an die zehn Gebote hielte und bedeutende Persönlichkeiten einfach amnestiere, sie so der Hölle vorenthaltend.

Er kann höchstens eine Zusammenkunft mit Beelzebub arrangieren, der aber nicht viel auszurichten vermag, weil der Sepp ja nur ein armer Teufel wäre. Biedermanns hören es mit Erschrecken. Der Ringer Schmitz war also Beelzebub. Anna betritt die Szene. Sie ist in der Hölle, weil sie Babette ein Paar Nylons gestohlen hat.

Die Witwe Knechtling erscheint. Anna rät ihr ab, sich Hoffnungen zu machen. Immerhin sei ihr Mann ein Selbstmörder gewesen.

Biedermann ist just dabei, das Geschehene in der ihm eigenen Weise aufzuarbeiten: der Knechtling hätte ihn halt eine Woche später in einem günstigen Moment ansprechen sollen. Daß er sich einfach töten würde, konnte ja keiner wissen. Deswegen brauche er keine Angst zu haben. Und städtebaulich betrachtet, wäre das

Niederbrennen der Stadt geradezu ein Segen gewesen, wie sie jetzt dasteht in Glas und Chrom. Also verbitte er sich das Getue um die Katastrophe, auch was die Streichhölzchen angeht.

Der Teufel tritt auf in bischofsähnlicher Montur. Im Himmel war er und hat erlebt, wie es dort zugeht. Die Großmörder sind alle begnadigt, niemand redet über ihre Taten. Während sich der Teufel mit Annas Hilfe in Eisenring verwandelt, bringen Biedermanns ihren Wiedergutmachungsanspruch vor. Sie erinnern an den gastlichen Abend vor der Brandstiftung. Auch der Teufel erinnert sich: an die Peinlichkeit des aufgenötigten Bruderkusses.

Beelzebub kommt herbei. Der Teufel weist an, die Feuer der Hölle zu löschen, weil die Verhandlungen im Himmel ergebnislos geblieben sind: „Wer eine Uniform trägt oder getragen hat, als er tötete, oder zu tragen verspricht, wenn er tötet oder zu töten befiehlt, ist gerettet."

Die Feuerwehrleute des Chors treten auf, um die höllischen Wärmequellen außer Betrieb zu setzen. Die Hölle streikt. Beelzebub-Schmitz und Teufel-Eisenring werden wieder auf der Erde als Brandstifter mit ihren verrosteten Fahrrädern unterwegs sein.

Und da keine Seelen in der Hölle mehr angenommen werden, können auch Biedermanns sich als gerettet betrachten

Sach- und Spracherläuterungen

Ein Dr. phil.: Doctor philosophiae, Doktor der Philosophie (griech. 'Liebe zur Weisheit').

Vorspiel

Trefflichgerüstete: dem Sinne nach „wir Feuerwehrleute, die wir trefflich ausgerüstet sind".

in der Art des antiken Chors: der Chor der entwickelten Tragödie bestand aus 12, seit Sophokles aus 15 Mitgliedern unter Leitung eines Koryphaios (Chorführer), der auch mit Sprechversen in die Handlung eingriff. In der Blütezeit der antiken Tragödie kommentierte der Chor das Geschehen nicht selten als eine Art Organ der öffentlichen Meinung. Als oft zitiertes Standardbeispiel für den Einsatz des antiken Chores in der Tragödie gilt Sophokles 'Antigone'.

Szene 1

Hausierer: von Ort zu Ort umherziehender Händler

Traktat: Abhandlung, speziell Flugschriften religiösen Inhalts; Traktatgesellschaften entstanden zuerst 1796 in Schottland, für Deutschland repräsentativ waren die 1814 gegründete Wuppertaler Traktatgesellschaft in Barmen und der Evangelische Bücherverein in Berlin von 1845.

Zivilcourage: im engeren Sinne 'das Bestehen auf den bürgerlichen Rechten', im weiteren 'der Mut zum Bekennen eigener Überzeugungen'.

Plunder: eigentlich 'Hausrat', hier verächtlich für 'Zirkusinventar'.

Beaujolais: französischer Rotwein aus dem Rhonegebiet; besonders populär geworden durch die Bücher und Filme um 'Don Camillo' und den kommunistischen Bürgermeister 'Peppone' in Cloche-Merle.

Gottesgericht: hier mehrdeutig; 1) köstliche Speise, 2) verdiente Strafe Gottes, 3) nicht abwendbares Ereignis.

Sie können einen Schatz haben: Anna darf einen Geliebten haben, nur ins Haus soll sie ihn nicht mitbringen, verlangt Babette.

Szene 2

eine kaufmännische Leistung, aber keine Erfindung: Biedermann will sagen, daß der kommerzielle Erfolg seines Haarwassers nichts mit dessen Qualität zu tun hat.

Tilsiter: eine Käsesorte, die im Gebiet um Tilsit im einstigen ostpreußischen Regierungsbezirk Gumbinnen heimisch war.

drum geht die Welt in den Eimer: umgangsprachliche Redewendung für 'untergehen'.

Szene 3

Estrich: eigentlich: Fußboden ohne Fugen, bestehend aus Mörtel, Zement oder Asphalt; hier ein besonderer Teil des Dachbodens, der mit solchem Fußbodenbelag versehen ist, im Gegensatz zum übrigen gedielten Teil des Bodens.

Import: Einfuhr von Waren aus anderen Ländern.

Etikette: hier 'Schild zur Warenkennzeichnung'; auch 'erstarrte Umgangsformen'.

Hormoflor: Bezeichnung des von Biedermann vertriebenen Haarwassers.

Hanebüchenes: umgangsprachlich für 'Grobes', 'Unerhörtes'; seltener finden sich die Formen 'hagebuchen' oder auch 'hagebüchen'.

Der nämlich zusieht von außen, der Chor: da das Entstehungsjahr der Burleske-Fassung 1948 von intensiven Kontakten zwischen Brecht und Frisch geprägt war, drängt sich hier der Gedanke an Brechts 1943 vollendete Parabeldichtung 'Der gute

Mensch von Sezuan' auf, wo in paralleler Situationsanalyse die drei Götter versichern: „Wir sind nur Betrachtende" (Zwischenspiel: Wangs Nachtlager, nach der 6. Szene).

Defaitismus: für den Frieden um jeden Preis, selbst den der Niederlage (frz. défaite) Eintretende.

Szene 4

Lili Marlen: Das von der Sängerin Lale Anderson kreierte bekannteste deutsche Schlagerlied des 2. Weltkrieges; es wurde von den Engländern und ihren Verbündeten begeistert aufgenommen und geradezu zum Wahrzeichen der Programme britischer Soldatensender.

Lukarne: mundartlich für 'Dachfenster', 'Dachluke'.

Föhn: warmer, trockener, oft in sehr heftigen Stößen wehender Südwind in den Tälern am Nordabhange der Alpen von Genf bis Salzburg; wird auch in anderen Gebirgsgegenden – z.B. im Thüringer Wald – beobachtet; kann wetterfühlige Menschen außerordentlich belasten.

Haspel: waagerechte Welle mit Seil-, Ketten- oder Schlauchtrommel und einer Kurbel, die zum An- und Hochziehen von Lasten bzw. zum Aufwickeln dient.

Sentimentalität: gesteigerte Empfindsamkeit, das Vorherrschen der Empfindung gegenüber dem tätigen Streben; das Wort wurde 1754 von Samuel Richardson in dem Roman 'Sir Charles Grandison' geprägt; im Gegensatz dazu steht in der Dichtung das Übergewicht des Subjektiven über das Objektive, die Naivität; siehe Schiller: 'Über naive und sentimentalische Dichtung' (1795).

Zeughäuser: Gebäude zur Aufbewahrung von Vorräten an Kriegsmaterial oder zur Waffenfabrikation; Eisenring bekundet im gleichen Zusammenhang, daß alles, „was mit Krieg zu tun hat, … furchtbar teuer" ist.

ins Bockshorn jagen: umgangssprachlich für 'einschüchtern'.

Sodom und Gomorra: eigentlich Sodom und Gomorrha, zwei sagenhafte Städte in Palästina, an der Stelle des Toten Meeres; sie wurden nach 1. Mos. 19 wegen der Gottlosigkeit ihrer Bewohner vernichtet; die Bezeichnung für die Unzucht zwischen Menschen und Tieren, die Sodomie, geht darauf zurück.

Hydrant: Wasserzapfstelle des Leitungsnetzes; der Wortstamm leitet sich her vom Namen der neunköpfigen Wasserschlange Hydra aus der griechischen Sage.

Und kaum war er in der Partei: Babette spielt hier auf Erfahrungen ihres Ehemannes an, die dieser sammeln mußte, als er sich schon einmal mit Halunken eingelassen hatte, um dem Geschäft zu nützen; Biedermann werden hier vom Autor Lebenserfahrungen aus einem deutschen Umfeld zugeschrieben; Nazi-Mitläufertum gehört zur Biographie des ''Haarölschwindlers''.

Szene 5

Kandelaber: reichverziertes, säulenartiges, gewöhnlich dreifüßiges und mehrarmiges Gestell aus Metall zum Tragen von Kerzen oder Lampen, festliche Tafelbeleuchtung.

Damast: ursprünglich ein mit Figuren auf Atlasgrund durchwirktes einfarbiges Seidengewebe, das angeblich in Damaskus erfunden worden sein soll; in modernerer Zeit Tischwäsche aus Leinen oder Mischgeweben mit entsprechenden Mustern.

Szene 6

Pommard: Wein- und Sektmarke von hoher Qualität.

Trauma: griech. Wunde, Verletzung; hier meint Eisenring eine traumatische Neurose, die durch den Entzug der Menschenwürde im Kellnerdasein ausgelöst worden wäre.

Etablissement: frz. Niederlassung, Einrichtung, Geschäft, Fabrik; hier ist vom niedergebrannten 'Metropol' die Rede, wo Eisenring angeblich Oberkellner war.

Cave de L'Echannon: ein Spitzenwein vom Jahrgang 1849.

Candlelight: engl. Kerzenlicht.

JEDERMANN: Hugo von Hofmannsthal schrieb 1911 nach dem Vorbild mittelalterlicher englischer Mysterienspiele dieses Spiel vom Leben und Sterben des reichen sündhaften Mannes, dem aber Gnade zuteil wird, weil er vor dem Tode zum Glauben an Gott findet; der JEDERMANN bildet stets einen der Höhepunkte der Salzburger Festspiele als theatralischer Massenveranstaltung; Curd Jürgens brillierte über Jahre hinweg in der Titelrolle.

Nachspiel

Meerkatze: zur Familie der Schmalnasen gehörige Affengattung.

Yoga: indisches philosophisches System, das einen Urgeist annimmt; die Vereinigung mit diesem wird angestrebt durch spezielle Diät, Körperhaltung, Atemtechnik und moralische Zucht sowie intellektuelle Konzentration.

Partisanen: nichtuniformierte Kämpfer hinter der Front, speziell im 2. Weltkrieg in der Sowjetunion und den Balkanländern.

Beelzebub: gewöhnlich mit 'Fliegenbaal' übersetzt; Gottheit der Philister in Ekron, im Neuen Testament Oberster der Teufel.

Die Parabel-Figuren

Gottlieb Biedermann

„Biedermann wandelt sich zugleich aus einem gutmütig-dummen Opfer, das im Grunde in die eigene Falle tappt, in eine Figur wie die des Alfredo Traps in Dürrenmatts Erzählung 'Die Panne'. Auch Traps ist nach außen Ehrenmann, während er insgeheim durch seinen rücksichtslosen Geschäftsopportunismus alle anderen neben sich zugrunde richtet. In eine ähnliche Perspektive wird der Charakter Biedermanns durch die Knechtling-Episode gerückt", stellt Manfred Durzak in seiner Untersuchung der Dramen Max Frischs fest.[23] In der Tat erlaubt uns das Stück hinter die Biedermanns-Fassade des Gottlieb Biedermann zu blicken, wobei der Knechtling-Handlung die tragende Denunziations-Rolle zukommt.

Vom rechtgläubig wirkenden Vornamen über das gutgehende Geschäft, die gepflegte Villa, eine halbwegs intakte Ehe und den behaglichen Lebensstil bis hin zum regelmäßigen Besuch am Honoratiorenstammtisch scheinen alle, mindestens aber die unerläßlichen Attribute einer aufs Bewährte gerichteten Bürgerexistenz versammelt.

Biedermanns Umgangston entbehrt nicht völlig der Leutseligkeit, die aus sattem Selbstbewußtsein resultiert, solange man ihn nicht reizt. So läßt erst der zweite Blick gleichsam Risse in einer blanken Oberfläche erkennen: Vom häufigen Bekräftigungsruf "Herrgott-nochmal" bis zur Inanspruchnahme der höchsten Autorität für eine selbstgebastelte Sozialmoral – „Sind wir denn heutzutage nicht alle, ob arm oder reich, Geschöpfe eines gleichen Schöpfers? Auch der Mittelstand" (4) – läßt sich wenig entdecken, das dem christlichen Anspruch seines Vornamens Ehre machen würde.

---

[23] Manfred Durzak, Dürrenmatt, Frisch, Weiss …, S. 209

Villa samt Weinkeller und stilvollem Hausrat leiten sich her aus dem Geschäft mit einem Schwindelprodukt, über dessen Gebrauchswert Babette drastisch belehrt wird: „Die guten Leute, die unser Haarwasser auf die Glatze streichen, könnten ebensogut ihren eigenen Harn –". (2)

Im Höllen-Nachspiel versichert Biedermann: „Ich habe keinen Ehebruch begangen, Babette, also wirklich nicht – verglichen mit andern!" Die Einschränkung ist unüberhörbar. Babette, auf ihre Treue befragt, antwortet nur: „Mit wem?" Es bedürfte nicht der ausdrücklichen Erwähnung eines "Gewohnheitskusses" (2), um die Biedermannsche Ehe ins rechte Licht bürgerüblicher Bequemlichkeit zu rücken, fernab herausragender Seelenverwandtschaft der von Amts wegen Verbundenen.

Biedermanns Weltsicht bestimmt die Haarwasserperspektive. So wird Beschränkung zur Beschränktheit, die blind macht gegenüber Realitäten. Heraus kommt eine subjektiv-geschäftsdienliche Moral, die andere gefährdet und eine subjektiv-gemütsdienliche Brandstifter-Verdrängung, die ihn selber bedroht.

Ein zweiter gravierender Charakterzug gesellt sich hinzu: Biedermanns Brutalität. Gelegentlich sprengt sich die dünne Kruste des jovialen Zigarrenraucher-Gehabes. "Aufhängen" (1) heißt seine Forderung bei der Zeitungslektüre und am abendlichen Stammtisch. Der Knechtling möge sich „unter den Gasherd legen" (1), sei sein zynischer Rat, und „Diesem Knechtling werde ich die Kehle schon umdrehn" (2) seine 'latente Morddrohung' (Durzak). Aber mit der verbalen Brutalität hat es nicht sein Bewenden. Denunzierender noch wirken Biedermanns Handlungen gegenüber dem Angestellten Knechtling. Eine umsatzfördernde Erfindung ist ihm zu verdanken. Biedermann, auf eine angemessene Beteiligung hin angesprochen, reagiert mit der Entlassung des Erfinders Knechtling aus dem Lohn- und Brotverhältnis. „Seine zynische Empfehlung an Knechtling, sich entweder einen Anwalt zu nehmen, was Knechtling finanziell gänzlich unmöglich ist, oder sich unter den Gasherd zu legen, macht

Biedermanns Verhalten Knechtling gegenüber zum potentiellen Mord."[24]

Als der Gefeuerte tatsächlich auf die quasi empfohlene Weise aus dem Leben geschieden ist, steht fest: Der Fabrikant Biedermann geht über Leichen, wenn es die Verdienstspanne hebt. Diese Erkenntnis fügt sich ein in ein wahres Spektrum der Kritik am moralischen Bankrott des Bürgertums, dem Gottlieb Biedermann zur Demonstrationsfigur dient.

Da ist sein vormaliges Bündnis mit dem Verwerflichen, seine Zugehörigkeit zur Nazi-Partei; da gibt es die Sehweise des ausbeuterischen Unternehmers, die dem Angestellten Dankespflichten zuschreibt, wenn er nur die Gnade des Beschäftigtseins genießen darf. Als Recht des freien Bürgers und Eigentümers nimmt Biedermann ausdrücklich in Anspruch „überhaupt nichts zu denken" (3). Da finden wir die ständige Sorge ausgeprägt um eine intakte Fassade – "Ruhe und Frieden" nennt sie Biedermann – die zu den unabdingbaren Voraussetzungen für ungestörte Geschäfte gehört, mögen sie auch noch so schmutzig sein.

Die immer wieder vorgebrachten Unschuldsbeteuerungen Biedermanns scheinen sich weniger nach außen, an die jeweiligen Dialogpartner zu richten, als vielmehr an das aufbegehrende eigene schlechte Gewissen.

An Knechtling ist er schuldig geworden. Das zwingt zur Tarnung, und es engt seinen Handlungsspielraum ein. Gerade das treibt ihn immer tiefer in die Gemeinschaft mit den Brandstiftern – am Stückende ausgedrückt in der Streichholzübergabe. Biedermanns Tarnung ist freilich nur die Drittbeste: Er wählt den Scherz.

Letztenendes resultiert Biedermanns Anbiederung an die Brandstifter aus der moralischen Nähe zu ihnen, und das Groteske des Geschehens transportiert unmittelbar die bürgerkritische Aussage des Moralisten Max Frisch.

---

[24] Durzak, a. a. O., S. 214

Babette Biedermann

„Frisch zeigt in Babette die typische Kleinbürgerfrau, die nicht wagt, gegen ihren Mann die eigene – wenn auch bessere und vernünftigere – Meinung durchzusetzen" befindet Sybille Heidenreich.[25] Gegen das eindimensional Vereinfachende dieser Feststellung melden sich Einwände an.

Gewiß begegnet man in Babette allem anderen eher, als einer Emanze. Und als Demonstrationsfigur von ihrem Schöpfer in das Stück einfunktioniert, fällt ihr in wesentlichem Grade die Aufgabe zu, das Kritikwürdige in Biedermanns Denken und Handeln zu reflektieren.

Dennoch besitzt diese Gestalt auch Züge, die über das im Eingangszitat Konstatierte hinausweisen. So artikuliert Babette gelegentlich Dankbarkeit, etwa wenn ihr Ehemann den Dachboden kontrolliert. Die Frühstücksszene mit Schmitz zeigt sie als mitleidsfähiges Wesen, das der vom Gast raffiniert eingesetzten Sentimentalität um so leichter zum Opfer fällt, als diese genau in die Kerbe eines schlechten Gewissens schlägt. Den Machinationen der Brandstifter und Gottliebs Selbstbeschwichtigungen steht sie mit einer gewissen Portion vernünftiger Skepsis gegenüber.

Bei Dankbarkeit, Mitleid und Vernunft scheint es sich um die Reste einstiger Tugenden zu handeln, über die Babette verfügt haben mochte als ihre Weiblichkeit noch nicht von den moralzerstörenden Kräften bürgerlicher Konventionen zugeschüttet worden war.

Jetzt hingegen versagt sie sich dem Mitleid, wo es bitter nötig wäre, gegenüber den Knechtlings; jetzt verletzt ein Anna zugedachter "Schatz" (1) die Spießermoral, sofern er nur ihr Haus beträte. Jetzt baut sie mit an jener Fassade der Biederkeit, die das Geschäft braucht und mahnt zur Großzügigkeit bei der Ausstattung des Knechtling-Kranzes. Jetzt hängt sie so sehr am Besitz, daß der Ver-

---

[25] Sybille Heidenreich, Frisch. Andorra. Biedermann ..., S. 85

such, ihren Schmuck aus dem brennenden Haus zu bergen, ihr den Tod bringt, wie man im Höllen-Nachspiel erfährt.

In unübersehbarer Parallele zu Biedermann verdrängt auch Babette die reale Bedrohung ihres Existenzfundaments, indem sie die Fehler und Schurkereien des Ehemannes mit dem Mäntelchen eines behaupteten Überschusses an Gutmütigkeit verhüllt. Ihr "Brandstifter" heißt Gottlieb, und ihre Tarnung ist die Sentimentalität.

Max Frischs Kritik an der deformierenden Wirkung bürgerlicher Lebensverhältnisse auf die Persönlichkeit der Frau ansichtig werden zu lassen, scheint die Aufgabe der Babette Biedermann. Von daher wirkt das Prädikat "typische Kleinbürgersfrau" im höchsten Maße fragwürdig.

Anna, das Dienstmädchen

Ihr auffallendster Wesenszug ist das Mechanische. Sie richtet jede Bestellung, die man ihr aufträgt, wörtlich aus, ohne ihre Individualität filternd zwischen dem Absender und dem Empfänger der Botschaft ins Spiel zu bringen.

So erfährt der augenscheinlich bärenstarke Ringer Schmitz, der Hausherr wolle ihn eigenhändig hinauswerfen, und die bedauernswerte Witwe Knechtling hört, ohne den geringsten Versuch zu taktvoller Abmilderung, aus dem Munde Annas, daß Biedermann mit ihr "nichts zu tun haben" will. (4)

Mit mechanischer Präzision verrichtet sie auch das Tischdecken, genau in der herkömmlichen, im Hause üblichen Weise und hat offenbar erhebliche Schwierigkeiten, sich auf die von Biedermann gewünschte Einfachheit umzustellen.

So erkennen wir in Anna vordergründig den entindividualisierten Dienstboten minderen Intellekts, der als eine Art seelenloser Roboter im beschränkten Pflichtenkreise wirkt.

Aber da gibt es noch anderes, Hintergründiges zu vermerken, das augenblicksweise nur sichtbar wird, wenn Schmitz etwa registriert:

„Wie das Fräulein mich ansieht! Verdammtnochmal! Wenn's auf die ankäme, ich glaub, ich stünde draußen im strömenden Regen". (2)

In einer anderen Situation gewinnt Annas Rede geradezu schwejksches Format: „Ich hab aber keinen solchen Pullover, wie Sie sagen, Herr Biedermann, so einen schlichten, daß man meint, ich gehöre zur Familie." (5)

Ein paar Augenblicke später soll Anna zwecks proletarischer Mimikry für das abendliche Gansessen Unordnung bewirken. Sie trampelt, weil ihr danach zumute ist, auf dem hingeworfenen Tischtuch herum. Als dann im Verlauf des Abends das ganze Spiel von den Kandelabern bis zum Wiederauflegen der Messerbänkchen rückwärts abläuft, verliert Anna die Nerven und „bricht in Heulen aus" (6).

Wenn es ihr nicht gelingt, das Anliegen des Dr. phil., der sich distanzieren möchte, ohne Schwierigkeiten zu begreifen, so wird dessen Fähigkeit, sich mitzuteilen, davon ebenso in Frage gestellt wie Annas Auffassungskraft.

Vor dem per Tischtuchhülle zum Geist verwandelten Ringer Schmitz empfindet das Dienstmädchen heftige Angst. Was auf den ersten Blick nach dümmlicher Gespensterfurcht aussieht, erweist sich im Nachhinein als realitätsnahes Empfinden; denn wenig später färbt sich der Himmel rot.

Die Anna des Nachspiels sieht sich auf roboterhafte Verrichtungen zurückgeworfen und ermangelt individueller Augenblicke gänzlich. In der Hölle ist sie wegen des Diebstahls von Nylon-Strümpfen, solchermaßen illustrierend, daß auch die Redlichkeit der kleinen Leute in Bürgerhäusern dem moralischen Verfall nicht standzuhalten vermag. Geprägt von ihren Beziehungen zur zeitgenössischen Bürgerwelt, steht diese Dienstbotengestalt sichtlich nicht in einer literarischen Traditionslinie mit ihren Standesgenossinnen aus frühbürgerlichen Tagen, wie sie Shakespeare, Lessing oder Schiller gezeichnet haben.

Der Ringer Josef Schmitz

Als er „plötzlich in Biedermanns guter Stube steht und jenem mit seinem pittoresken Aufzug und seiner Muskelkraft heimlich Furcht einflößt, beginnt er Biedermann durch Drohung und Schmeichelei zu unterdrücken".[26)]

Das Drohende liegt zunächst in seiner äußeren Erscheinung auf deren angstauslösende Wirkung Schmitz ausdrücklich aufmerksam macht: „Alle Leute haben Angst vor mir" (1). Drohendes bildet die Pointe seiner Deutungen und Reflexionen: Biedermann, hat er sich gedacht, wird das persönliche Hinauswerfen nicht ernst gemeint haben; der Zirkus, in dem er gearbeitet hat, ist abgebrannt (später erscheint noch ein Theater auf der Liste der brennbaren Objekte); wer mit ihm anbindet, bricht die Schulter.

Die Schmeicheleien des ungebetenen Gastes sind allesamt dick aufgetragen, und sie haben einen Hintersinn, der von der Handlung illustriert wird: „Männer wie Sie, Herr Biedermann, das ist's, was wir brauchen!" (1) Biedermanns Haus liegt für die Brandstiftung günstig.

„Sie haben noch ein Gewissen, das spürte die ganze Wirtschaft, ein regelrechtes Gewissen " (1) Es wird ihn daran hindern, sich von den Brandstiftern zu befreien.

„Wer hätte gedacht, ja, wer hätte gedacht, daß es das noch gibt! Heutzutage." (1) Die Rede ist von Menschlichkeit. Eben hat Biedermann an Knechtling die Selbstmordempfehlung übermitteln lassen.

Was Schmitz lobt, wird von der Handlung widerlegt: So zeigen sich Mißtrauen statt „der Glaube an das Gute in den Menschen", Feigheit statt "Zivilcourage", Unwahrheit statt "Wahrheit".

Zuweilen gehen Schmeichelei und Drohung eine unauflösbare, ironische Verbindung ein, die um so gefahrbringender wirkt, wenn

---

[26)] Manfred Durzak, Dürrenmatt, Frisch, Weiß ..., S. 210

etwa Schmitz die Menschlichkeit seines Gastgebers preist, weil dieser ihn, den bärenstarken Ringer, nicht einfach beim Kragen packt und hinauswirft. Hinzu kommt jene Hemmungslosigkeit, mit der Schmitz ohne jedes Zögern seinen Vorteil sucht, sobald man ihm im geringsten entgegenkommt. Biedermann, vom Vorwurf der Knechtling-Witwe betroffen gemacht, ruft Schmitz zum Zeugen dafür an, daß er kein Unmensch sei. „Wenn Sie ein Unmensch wären, Herr Biedermann, dann würden Sie mir heute nacht kein Obdach geben, das ist mal klar," (1) lautet die raffiniert-zwingende Antwort.

Biedermann geht in seiner Verunsicherung auf das einseitige Anerbieten des Ringers ein, das Nammenskürzel "Sepp" zu verwenden. Prompt spricht Schmitz ihn mit "Gottlieb" an.

Aus Brot und Wein wird in ähnlicher Manier eine komplette Mahlzeit, aus einem Frühstücksei werden zwei; das Flehen der Hausherrin, er möge doch ja bleiben, führt dazu, daß Schmitz die Verdoppelung der Einquartierung ankündigt.

Seine Verunsicherungsmethode ruht auf zwei Säulen. Das Ausspielen seiner drohenden Wirkung ist die eine; die andere heißt triefende Sentimentalität. Kälte, Regen, Obdachlosigkeit, die Köhlerhütte, das fehlende Benehmen, der Tod der Mutter müssen herhalten.

Als der zweite Brandstifter schließlich eingetroffen ist, spielt man den Biedermanns gegenüber ein Spiel mit verteilten Rollen, in dem Schmitz die Partie des ewig Gescholtenen übernimmt.

Die grob entgleisende JEDERMANN-Parodie und schließlich das dümmlich verballhornte Volkslied vom Fuchs, der die Gans gestohlen hat, geben der Ringer-Gestalt das Gepräge der ungeistig-schamlosen Bösartigkeit. Im Höllen-Nachspiel bedient er als Beelzebub die Heizkessel, auch hier – im Widerspruch zum allegorischen Gehalt des Beelzebub übrigens – lediglich ein Unterschicht-Teufel, eigentlich ohne rechtes höllisches Format.

Der Kellner Willi Eisenring

„In 'Biedermann' spielen alle Darsteller die Rolle des Demonstranten"[27] merkt Manfred Jurgensen an. Es liegt nahe, die Brandstifter daraufhin zu betrachten.

Schmitz verlogene Sentimentalität läßt trotz sozialkritischer Anklänge Klassenkämpferisches nicht erkennen. Eisenring spricht zwar vom "Klassenunterschied" (4), aber auch ihm malt der Dichter einen nichtrevolutionären Motivhintergrund. Während des Gansessens nennt er die Gründe seiner Brandstifterlaufbahn. Als Oberkellner war er unter den falschen Verdacht der Brandstiftung geraten und verhaftet worden. Er war darob so erstaunt, daß er „drauf einging" (6). „Das bedeutet also, daß Eisenring von der Wirklichkeit selbst in seine Rolle hineingedrängt wurde, daß er dann in seiner Rolle blieb, d.h. weiterhin Brandstiftungen verübte", wertet Manfred Durzak.[28]

Als vorgeblicher Beauftragter der Feuerversicherung hat sich Wilhelm Maria Eisenring Zugang zum Haus verschafft. Im Zusammenwirken mit Schmitz übernimmt er von diesem Augenblick an die Führungsrolle. Dem Ringer offenkundig geistig überlegen, gehen die Impulse, welche in Richtung auf die Kathastrophe hin wirken, sämtlich von ihm aus.

Er sorgt dafür, daß beim Gansessen die Tafel wieder im Glanz von Silber und Kristall erstrahlt. Er regt die JEDERMANN-Parodie an. Er beschwört mit grausamen Vergnügen das Bild von der Knechtling-Leiche herauf. Er fordert schließlich von Biedermann die Streichhölzchen. Anders als Schmitz stammt Eisenring aus geordneten Verhältnissen. Sein Vater wollte ihm ein Jura-Studium ermöglichen. Der Dichter legt ihm hier und da zynisch-spöttische Verallgemeine-

---

[27] Manfred Jurgensen, Max Frisch. Die Dramen, S. 73

[28] Manfred Durzak, Dürrenmatt, Frisch. Weiß, ..., S. 216

rungen in den Mund, deren didaktische Stoßrichtung unverkennbar ist:

> „Jeder Bürger ist strafbar, genaugenommen,
> von einem gewissen Einkommen an." (3)

> „Weil man in Ihren Kreisen keine Holzwolle
> stiehlt, ... das ist der Klassenunterschied." (4)

> „Alles, was mit Krieg zu tun hat, ist furchtbar
> teuer, immer nur erste Qualität." (4)

Auch die Kritik an der mangelnden Brandstifterbegeisterung des Dr. phil. und das Schlüsselwort vom Tarnwert des Scherzes, der Sentimentalität und der Wahrheit gehören in diesen Zusammenhang.

Willi Eisenring bleibt schonungslos bei der Wahrheit, die niemand glauben will, und er bedient sich damit der besten Tarnung, die es gibt.

Mischen sich bei Schmitz Drohung und Schmeichelei, gehen bei dem ehemaligen Oberkellner eiskalter Zynismus und gewandte Umgangsformen eine beklemmend wirkende Verbindung ein, zu der sich brandstifterischer Fachehrgeiz gesellt.

Im Nachspiel, als Figur im bischofsartigen Ornat, fungiert Eisenring als Fürst in der Hölle, der den Streik ausruft. Die gehobene Position im höllischen Bereich wird schon im Stück selbst durch die Differenzierung gegenüber Schmitz angelegt.

Proletarische Klassenkämpfer, die ihre Brände als Fanale der Weltrevolution verstanden wissen wollen, sind sie beide nicht, eher schon "Demonstranten" (Jurgensen) für die Unausweichlichkeit jenes "Gottesgerichts" (1) angesichts der verderbten Bürgerwelt, von dem Schmitz bei Gelegenheit seiner Wurstmahlzeit gegenüber Biedermann doppelsinnig spricht.

Der Brillenträger Dr. phil.

„... Kritik übt Frisch an der bürgerlichen Intelligenz. Sein 'Dr. phil.', eine Erscheinung, die in der einen oder anderen Variation in fast allen seinen Werken auftritt, steht Biedermann an Lächerlichkeit um nichts nach. Von gleicher Schuld und Futilität (Nichtswürdigkeit, d.V.) legt der Intellektuelle eine sinnlose, verspätete Erklärung ab, mit der er sich von der bevorstehenden Katastrophe zu distanzieren gedenkt, die aber niemand im Getöse der Ereignisse zu verstehen vermag. Auf Biedermanns bezeichnende Antwort: „Sie, Herr Doktor, was soll ich damit?" steigt der Akademiker über die Rampe 'und setzt sich ins Parkett'. Der Sinn dieser Überspielung des Bühnenrahmens bedarf keiner näheren Erläuterung."[29]

Politisches, bei Schmitz und Eisenring nicht aufzuspüren, wird dem Intellektuellen ausdrücklich attestiert. Eisenring verspottet ihn dafür: „Weltverbesserer" und „... euresgleichen ist immer so ideologisch, immer so ernst, bis es reicht zum Verrat –." (5)

Der Chor liefert eine Charakterisierung: Brillenträger, aus gutem Hause, bleich, belesen, ohne Vertrauen auf das Gute im Menschen; darauf hoffend, daß der Zweck die Mittel heilige, sieht er in Brandherden die künftigen Fanale erlösender Ideen.

Als er sich distanziert, steht die Stadt schon in Flammen. Er ist zum Mittäter geworden.

Hier gewinnt das Stück die Dimension geschichtlicher Antizipation, scheint doch in der Mittäterschaft des dritten, des intellektuellen Brandstifters das Wirken jener geistigen Wegbereiter des Terrorismus modellhaft vorweggenommen, das in eine blutige Zukunft wies. Im Nachspiel erscheint der Dr. phil. als Meerkatze und verwaltet die Geschäfte der Hölle; ein Schreibtischtäter mithin.

---

[29] Manfred Jurgensen, Max Frisch. Die Dramen, S. 68

Die übrigen Personen

Die Witwe Knechtling verkörpert gleichsam einen immerwährenden stummen Vorwurf. Sie erscheint zwar im Spiel, spricht aber kein einziges Wort. Wie sehr sie dennoch auf Biedermanns Gewissen einwirkt, wird in der Szene 1 deutlich, als dieser sich von Schmitz bestätigen lassen will, er sei kein Unmensch, obwohl das Frau Knechtling behaupte. Im Nachspiel antichambriert sie in der Hölle, und wieder rät ihr Anna, sich keine Hoffnungen auf Verbesserung zu machen. Im Kontext zu ihrem endgültigen Abgang stehen Babettes Äußerung: „Die Knechtling ist gegangen", und Biedermann antwortet: „Das Leben geht weiter."

Ein Polizist, der Biedermann aufsucht, um ihm den Tod Knechtlings mitzuteilen, fällt auf durch seine Servilität gegenüber dem Hausherrn. Er will gern unter vier Augen mit ihm sprechen; denn das Geschehen „geht ja die Angestellten nichts an!" (3) Auch der Polizist des Nachspiels weiß sich mit den Mächtigen in ähnlicher Weise verbündet. Er überstellt die Sünder vom Himmel an die Hölle. Angestellt ist er im Himmel. Das zeigen die Engelsflügel.

Der Chorführer und die Mannen der Feuerwehr

In Sophokles "Antigone" finden sich mannigfache Beispiele für das Eingreifen des "Koryphaios" (Chorführers) mit Sprechversen in die Handlung, wie nachstehendes Beispiel veranschaulichen möge:

Kreon: Die Pflicht der Aufsicht übernehmen müßt ihr jetzt.

Chorführer: Nimm einen Jüngren für die Bürde dieses Amts!

Kreon: Nicht Leichenwächter mein ich, die stehn schon bereit.

Chorführer: Was sonst wohl könnt es sein, was du uns auferlegst?

Kreon: Seid unnachgiebig gegen Widerspenstige!

Chorführer: Den Narren gibt's nicht, der sich nach dem Tode sehnt.[30]

---

[30] Sophokles, Antigone, S. 28, 215-220

Auch den Feuerwehrleuten im "Biedermann" fällt gleichsam "die Pflicht der Aufsicht" zu. Beobachtende sind sie, die von der Peripherie der Handlung her als ewige Wache den Geschehnissen folgen. Ihre kollektiven Feststellungen zu verdichten, Zäsuren zu setzen, ist die Funktion des pfeifenrauchenden Chorführers. Aus dieser Haltung tritt man nur ein einziges Mal heraus. In der ersten Szene fällt zwar schon ein Handlungseinsprengsel in die Chorpassage, die nächtliche Unruhe der Babette Biedermann. Aber hier bleibt es beim Beobachten. Erst zwischen der dritten und vierten Szene – gewissermaßen in der arithmetischen Mitte des Spiels – kommt es zum verbalen Kontakt zwischen Biedermann und dem Chor mit seinem Wortführer an der Spitze. Jedoch der Warnruf der sachkundigen Beobachter bleibt unbeachtet. Der Bürger Biedermann hat sich an den Benzingestank gewöhnt.

Naive Didaktik? –
Ansätze zur Interpretation

Mit "Biedermann und die Brandstifter" reizt Frisch bei seinem Publikum Vorpubertäres herauf. Dieser Gottlieb Biedermann ignoriert die Gefahr, wie einst der Kaspar das unübersehbare Krokodil hinter dem Pappmachébaum der Puppenbühne. Und wäre man nicht Zuschauer in einem "nichtkulinarischen" (Brecht) Theaterstück, eingefühlt wie in Kindertagen würde man „Paß auf!" rufen, so gewollt naiv werden hier Vernunft und Lebenserfahrung im Dienste der didaktischen Absicht provoziert. In seiner Rede zur Eröffnung der Frankfurter Buchmesse 1958, dem Uraufführungsjahr des "Biedermann", nennt der Dichter Motive seines Schreibens und darunter die folgenden: „Bedürfnis nach Kommunikation ... Man möchte gehört werden; man möchte nicht so sehr gefallen als wissen, wer man ist ... Man gibt Zeichen von sich ... Man hebt das Schweigen, das öffentliche, auf (oft, wie gesagt, über alle Scham hinaus) im Bedürfnis nach Kommunikation. Man gibt sich preis, um einen Anfang zu machen."[31]

Das didaktische Ziel der vom Dichter erstrebten Kommunikation analysiert Jurgensen: „Zu den augenfälligsten Merkmalen seines Stückes "Biedermann und die Brandstifter" gehört wohl die Tatsache, daß es sich an ein sozial und politisch unverbindliches, anonymes Publikum wendet. „Das Theater bezieht sich immer auf eine Gesellschaft", erklärt Frisch. „Schon äußerlich. Es braucht keineswegs eine bejahte Gesellschaft zu sein, aber eine, die sich stellt".

"Biedermann" jedoch richtet sich an die Anonymität einer mehr oder minder chaotischen Masse, die das Wagnis des offenen Bekenntnisses scheut. Selbstzerstörerische Kräfte wirken seit langem in dieser Gesellschaft, „tilgend das sterbliche Bürgergeschlecht", wie der

---

[31] Max Frisch, Öffentlichkeit als Partner, S. 59

Chorführer eingangs hervorhebt. Der Untergang des Bürgertums muß als unmittelbar der thematischen Auseinandersetzung des Stückes zugehörig betrachtet werden. Darüber lassen die wiederholten Aussagen des Chores keinen Zweifel. Am Ende der 3. Szene stellt er die Frage, um die es in diesem Stück eigentlich geht: „Bürger – wohin!?".[32]

Der Untertitel "Lehrstück ohne Lehre" verhehlt nicht eine didaktische Absicht, bleibt aber dem Credo des Dichters verbunden, der bekanntlich vom Grundsatz her die praktische Wirkung schriftstellerischer Bemühungen auf die Weltläufte in Frage stellt.

"Gottesgericht" heißt es doppelsinnig im Stück, mit Bezug auf die Wurst, welche Schmitz verzehrt, und auf das nichtaufhaltsame Brandunheil. Es muß erlaubt sein, darin eine Sinnparallele zu sehen, dem einschränkenden "ohne Lehre"; gleichfalls ein Signal des Pessimismus.

"Biedermann" setzt eine Parabel in Szene, jene Form lehrhafter Dichtung, die gesellschaftliche Wahrheit illustriert, indem sie analoge Vorgänge oder Erscheinungen aus einem anderen Bereich so darbietet, daß durch Analogieschlüsse die tatsächlich angestrebte Erkenntnis erreicht wird. In Brechts Werk finden sich berühmt gewordene Parabelstücke. "Der gute Mensch von Sezuan" und "Der Kaukasische Kreidekreis" seien hier stellvertretend erwähnt. Mit Max Frischs "Biedermann" haben sie sehr viel mehr gemein als nur die indirekte Entlarvung gesellschaftlicher Zustände über Gleichnisse, nämlich die epische Konzeption, die "Verfremdungstechnik", die "nichtaristotelische" (Brecht) Dramaturgie. "Biedermann" hält sich konsequent an die Prinzipien des epischen Theaters. Der Einfluß Brechts auf Max Frisch wird hier stärker spürbar als in jedem anderen seiner Werke. Der Dichter nennt sein Brandstifter-Stück einmal selbst „eine Musteraufgabe für episches Theater", weil

---

[32] Manfred Jurgensen, Max Frisch. Die Dramen, S. 66

es sich bei der „radikal undramatischen" Geschichte um „einen gradlinigen Verlauf ohne jedes Gegen-Ereignis handelt".[33]

Die politische Parabel läßt nach politischen Ursprüngen fragen. Hans Bänziger macht in seiner Untersuchung[34] darauf aufmerksam, daß die ursprüngliche "Burleske"-Fassung des Biedermann-Themas im Tagebuch jener Eintragung "Cafe Odeon" folgt, die sich mit dem Umsturz in der Tschechoslowakei beschäftigt. Im seinerzeitigen Präsidenten Eduard Benesch, der sich auf die Volksfrontpolitik der Kommunisten eingelassen hatte und 1948 von Klement Gottwald aus dem Amt getrieben wurde, sieht Bänziger einen Modell-Biedermann, hatte er doch dem Kommunisten Gottwald zwei Jahre vorher selber das Amt des Ministerpräsidenten übertragen. Die Sekundärliteratur folgt dieser These mit differenziertem Wohlgefallen.

Für Stäuble ist die Sache klar: „Eine ahnungslose, biedere, vertrauensselige bürgerliche Gesellschaft nahm die bolschewistischen Brandstifter in ihr Haus auf und mußte es sich schließlich machtlos gefallen lassen, daß ihr die Eindringlinge das Staatsgebäude über dem Kopf anzündeten."[35]

Manfred Durzak wiegelt ab: „Sicherlich läßt sich die Prosaparabel im Tagebuch nicht völlig als Explikation des tschechischen Beispiels verstehen, vielmehr erkannte Frisch bereits in der politischen Situation so etwas wie einen Musterfall, dessen Logik übertragbar ist."[36]

Hellmuth Karasek wählt einen völlig anderen Ansatz, wenn er formuliert: „Man sieht eine Parabel, in der die Machtergreifung Hitlers treffend eingefangen ist. Die Erfahrung, daß Hitler aus seinen wahren

---

[33] Programmheft der Zürcher Uraufführung vom 29. 3. 1958, S. 5

[34] Hans Bänziger, Frisch und Dürrenmatt, vgl. S. 93 f.

[35] Eduard Stäuble, Max Frisch. Gesamtdarstellung, S. 110

[36] Manfred Durzak, Dürrenmatt. Frisch. Weiss, S.

Absichten in 'Mein Kampf' nie einen Hehl gemacht hat, ist hier szenisch faßbar geworden. Der Terror kann sich unverblümt geben, sobald er den Bürger mitverstrickt hat, ihn zum Mitschuldigen machte. Er kann sich darauf verlassen, daß das Opfer nicht glauben wird, was es ahnt. Die Feigheit verschließt noch vor der Wahrheit Augen und Ohren."[37]

Endlich sei mit Jurgensen eine weitere Version zitiert – keineswegs die letzte, die zur Verfügung stünde: „Frisch stellt einen unmittelbaren Zusammenhang zwischen dem sozialen Bankrott der bürgerlichen Gesellschaft und der akuten Gefahr einer Zerstörung der gesamten Welt durch die Atombombe her. Die "Fässer voll Brennstoff" befinden sich ja auf weltweitem Radius unter dem Dach fast aller bürgerlichen Häuser allein durch die Tatsache nämlich, daß die Existenz der Atombombe von ihnen geduldet wird. Die Weltwirtschaft dient als Ausflucht vor der Verantwortung des Weltuntergangs."[38]

Die hier auswahlhaft skizzierte Variationsbreite der möglichen Hintergründe für Frischs Biedermann-Parabel weisen ihr den Rang an, Chiffre für einen Grundzustand der Industriegesellschaft zu sein. Rund drei Jahrzehnte nach ihrer Uraufführung stellt sich die Frage „Bürger – wohin?" mit noch nie gekannter Schärfe. Um es metiergerecht zu formulieren: In dieser wahrhaft brennenden Fragestellung offenbart sich der antizipatorische Charakter des Stückes. Tschernobyl und SDI, SS 20 und Pershings, Giftmüll und Waldsterben, Hunger in der Dritten Welt und Massenarbeitslosigkeit in den Industrieländern signalisieren: Das Haus der Menschen ist vollgestopft mit "Brennstoffässern", und ihr Inhalt besitzt nie gekannte Brisanz.

Wenn Max Frisch seinen Parabel-Figuren ein Leben der Heuchelei, des Selbstbetrugs, der geschäftigen Blindheit eingehaucht hat, das

---

[37] Thomas Beckermann (Hg.), Über Max Frisch, S. 143 f.

[38] Manfred Jurgensen, Max Frisch. Die Dramen, S. 67

hinsteuert auf die unausweichliche Katastrophe und dessen oberster Glaubensgrundsatz das Palmström-Motto zu sein scheint, daß
„nicht sein kann, was nicht sein darf" – dann ist ihm ein Modell der
heutigen Welt gelungen. Und Friedrich Luft konstatiert zutreffend:
„Wir dulden es. Wir sehen es mit an und finden viele Gründe, es zu
tun. Aber die Lunte ist gelegt. Wehe! (...) Die Luntenleger des
Umsturzes sitzen an unseren Tischen, kaum verdächtigt. Aus Grün-
den der öffentlichen Gemütlichkeit schieben wir die Regungen einer
besseren Einsicht einfach weg: „Es ist ja alles nicht so schlimm ... "[39]

Seit dem Reaktor-Unglück im sowjetischen Tschernobyl gehört die
Versicherung, Angst sei ein schlechter Ratgeber, zu den besonders
häufig strapazierten Politikerphrasen.

In einer Festrede zum 1. August, dem Schweizer Nationalfeiertag,
hat sich Max Frisch 1957 zum Wert der Angst bekannt: „Wir haben
Grund zu natürlicher Angst. Wenn ein Mann des Generalstabs sagt,
wir brauchten keine Angst zu haben vor der Radioaktivität, weil wir
Bunker bauen können, ist das keine Angst, sondern hochbezahlter
Schwachsinn, und Angst ist besser als Schwachsinn."[40]

Das Brandstifterstück will nicht trösten, beschwichtigen, beruhigen.
Es will Angst erzeugen. Im Grunde ist das sein didaktischer Ansatz.
Im "Biedermann" existiert keine positive Gestalt. Ausnahmslos alle
gehen im Brand unter. Auch darin hat der Dichter seine antizipatorische Warnung geformt.

„Bürger – wohin!?" erweist sich als die Frage nach dem Überleben.

---

[39] zitiert nach: Sybille Heidenreich, Frisch. Andorra. Biedermann ..., S. 89
[40] Max Frisch, Öffentlichkeit als Partner, S. 11

Bau, Spielweise, Sprache

Formal gliedert sich das Stück in folgende Handlungsabschnitte:

Vorspiel	Biedermann	auf verdunkelter Bühne
Chorauftritt	Feuerwehrleute	Bühnenvordergrund
Szene 1	Biedermann	Stube;
	Anna	Dachboden
	Schmitz	
	Babette	
Chorpassage	Feuerwehrleute	
Szene 2	Biedermann	Stube
	Babette	
	Schmitz	
	Anna	
Chorpassage	Feuerwehrleute	
Szene 3	Eisenring (Der Andere)	Dachboden
	Schmitz	Stube
	Biedermann	
	Polizist	
	Anna	
Chorpassage	Feuerwehrleute	
	Biedermann	
	Babette	
Szene 4	Eisenring	Dachboden;
	Biedermann	Stube
	Babette	
	Anna	
	Witwe Knechtling	
	Dr. phil. (Ein Dritter)	

Chorpassage	Feuerwehrleute	
	Dr. phil.	
	Babette	
Szene 5	Witwe Knechtling	Stube
	Biedermann	
	Anna	
	Babette	
	Eisenring	
	Schmitz	
Zwischenspiel	Biedermann	an der Rampe
Szene 6	Biedermann	Stube
	Babette	
	Eisenring	
	Schmitz	
	Anna	
	Dr. phil.	
Chor-Resümee	Feuerwehrleute	vor der Szene

Im formalen Aufbau entspricht 'Biedermann und die Brandstifter' exakt dem Gliederungsgefüge der 'Antigone' des Sophokles, sofern man den Umfang einzelner Handlungselemente außer Betracht läßt; denn natürlicherweise fällt das Antigone-Ismene-Vorspiel zeitaufwendiger aus, als das Inbrandsetzen von Biedermanns symbolischer Eröffnungszigarre. Aber hier wie da sind Anordnung und Zahl der Szenen und der Zwischenpartien miteinander völlig identisch; hier wie da kommentiert der Chor die Abschnitte der Handlung; hier wie da gibt es eine Auftrittspassage und das beschließende Resümée des Chores, und endlich überschneiden sich in beiden Bühnenwerken an Kulminationspunkten der Handlung die Choraktivitäten mit dem Geschehen. Daß Frisch an Sophokles geraten ist und an die 'Antigone', mag durchaus auch dem Einfluß Brechts zuzuschreiben sein. Eine solche Vermutung liegt insofern nahe, als Brecht just um die Zeit seines engen Kontakts zu Max Frisch 1948 mit dem 'Antigone-Modell' befaßt war.

Erwiesen ist der Einfluß Brechts jedoch bei dem Gebrauch, den Frisch vom sophokleischen Chor macht: „Die Choreinlagen lassen sich generell durchaus im Brechtschen Sinne als Verfremdung auffassen, da die Handlungsfiktion durch Erklärungen unterbrochen wird. Als Vehikel der Reflexion führt sich der Chor bereits zu Beginn der ersten Szene ein."[41]

Welches bedeutende Gewicht dem Chor zufällt, läßt sich an der Tatsache ermessen, daß der reflektierende Dialog zwischen Biedermann und der Feuerwehr als Handlungsachse exakt in der Mitte des Stückes angeordnet worden ist.

Dem Chor bleibt es vorbehalten, die kardinale Frage zu formulieren: „Bürger – wohin!?". Der Chor sorgt dafür, daß das Mitdenken der Zuseher gefördert wird, durch das Aussprechen gewichtiger Teilwahrheiten, die verfremdend eingepackt sind in sophoklisch-hölderlinische Vershüllen. Und endlich zieht der Chor das Fazit aus dem Vorgeführten:

> Sinnlos ist viel, und nichts
> Sinnloser als diese Geschichte:
> Die nämlich, einmal entfacht,
> Tötete viele, ach, aber nicht alle
> Und änderte gar nichts.
> (...)
> Was nämlich jeder voraussieht
> Lange genug, Dennoch geschieht es am End:
> Blödsinn,
> Der nimmerzulöschende jetzt,
> Schicksal genannt.

[41] Manfred Durzak, Dürrenmatt. Frisch. Weiss, S. 213

Als den Choraktivitäten ebenbürtiges Mittel der Verfremdung präsentiert sich Biedermanns Publikumsansprache von der Bühnenrampe aus zwischen der 5. und 6. Szene. Bevor die seit langem sich ankündigende Katastrophe an den Parabelfiguren vollzogen wird, tritt die Titelgestalt gleichsam aus der Handlung heraus und fordert vom Publikum Nachdenklichkeit ein über das Gesehene. Immerhin drei Fragezeichen prägen den kurzen Monolog.

Hingewiesen sei in diesem Zusammenhang schließlich auf das Ende des sechsten Bildes. Der Dr. phil. verliest eine Erklärung, mit der er sich von den Brandstiftern und ihrem Tun distanziert. Niemand vermag ihren Wortlaut zu hören, der im Brandlärm untergeht. Danach stiehlt sich der Akademiker aus dem Spiel, indem er sich unter das Publikum begibt, sich mit dessen Standpunkt gewissermaßen identifiziert und so Nachdenken über dessen Berechtigung provoziert, ganz im Sinne der epischen Verfremdung.

Die vom Stückaufbau her vorgegebenen Instrumente zur Herbeiführung einer "neuen Haltung" (Brecht) des Zuschauers finden ihre kongeniale Ergänzung in der Spielweise des epischen Theaters; Brecht nennt sie "nichtaristotelisch": „Es wird darauf verzichtet, die Illusion zu schaffen, das Geschehen auf der Bühne sei ein realer Vorgang und keine künstlerische Nachahmung. In seinem Aufsatz 'Kurze Beschreibung einer Technik der Schauspielkunst, die einen Verfremdungseffekt hervorbringt" stellt Brecht fest: 'Die Voraussetzung für die Hervorbringung des V-Effekts ist, daß der Schauspieler das, was er zu zeigen hat, mit dem deutlichen Gestus des Zeigens versieht. Die Vorstellung von einer vierten Wand, die fiktiv die Bühne gegen das Publikum abschließt, wodurch die Illusion entsteht, der Bühnenvorgang finde in der Wirklichkeit ohne Publikum statt, muß natürlich fallen gelassen werden ...'."[42])

Wer den Wunsch verspürt, sich intensiver mit den theoretischen

---

[42] Hans Gerke, Brecht. Der gute Mensch von Sezuan. Leben des Galilei. Analysen und Reflexionen. Band 3, S. 22

Voraussetzungen der Spielweise des epischen Theaters zu beschäftigen, kommt an Bertolt Brechts Schrift 'Kleines Organon für das Theater' aus dem Jahre 1949 nicht vorbei. Im Sommer 1955 – ein Jahr vor seinem Tode – ließ Brecht 'Nachträge zum Kleinen Organon' folgen, die sich mit der Dialektik der Fabel, der Figuren und der Darstellung befassen. In Frischs Lehrstück tritt die epische Spielweise in den Dienst konsequenter Geradlinigkeit: „... das Stück duldet keine Abschweifung und Aufweichung; den Figuren, die auftreten, wird nichts abgenommen, nichts gestattet, was nicht streng der Enthüllung der Parabel untergeordnet wäre – und dennoch beruht seine stupende (erstaunliche, d. V.) Überzeugungskraft auch darauf, daß zwischen der kompromißlosen Konsequenz der Handlung sich das unverwechselbare 'Klima' des Stücks ausbreiten kann, jener gutbürgerlich schweizerische Biedersinn, jene wohlgeordnete, von chorischen Feuerwehrleuten umgebene Ordnung, die hier mit mathematischer Präzision in ihr Cannae geführt wird, in ihren Untergang, den sie als Keim in sich selbst trägt ..."[43]

Die Exposition, spielend in der häuslichen Geschütztheit, bringt beide tragenden Aspekte der Handlung zur Ansicht: Biedermanns Blindheit gegenüber der Gefahr; er liest die Brandstifternachrichten in der Zeitung so, als kämen sie vom anderen Ende der Welt. Und Biedermanns Hang zur Brutalität; "Aufhängen" heißt ihr Schlüsselwort. Dabei steht der Brandstifter schon beinahe im Zimmer, und der gekündigte Knechtling ist dorthin unterwegs als ein Bittender. Brandstifter-Handlung und Knechtling-Handlung entwickeln beide Aspekte getrennt weiter. Aber es besteht zwischen beiden Handlungssträngen eine Wechselwirkung. Schmitz' Wort vom "Gottesgericht" zum Beispiel, erlangt erst dadurch einen gültigen Hintersinn, daß der "Unmensch" Biedermann moralisch schuldig ist. Biedermanns letzte Möglichkeit, mit Hilfe des unerwartet auftauchenden Ordnungshüters die Eindringlinge loszuwerden, muß ungenutzt dahingehen, weil

---

[43] Thomas Beckermann (Hrsg.), Über Max Frisch, S. 137, Verfasser: H. Karasek

Schmitz für den Selbstmord-Rat an Knechtling ein lästiger Zeuge ist, und nun, nachdem Knechtling auf eben die empfohlene Weise seinem Leben ein Ende gesetzt hat, könnte er Biedermann unmöglich machen.

So bleibt nichts übrig, als sogar für die Brandstifter zu lügen, um die indirekte Schuld an Knechtlings Ende verborgen zu halten. Es ergibt sich daraus eine absurde Komplizenschaft, die über trunkene Verbrüderung schließlich zu konkreter Mitschuld eskaliert: die Streichhölzchen für die Brandstiftung kommen von Biedermann. In deutlicher Parallelität nehmen einerseits die Bedrohung und andererseits die Unterwürfigkeit Biedermanns gegenüber den Brandstiftern zu, je näher die Katastrophe rückt. Nachdem sich im Chorauftritt nach der Szene 3 die Handlungs- und Reflexionsebene überlagert haben, steigt die Handlung in der genannten Weise auf, der Stunde der schrecklichen Wahrheit entgegen. Je näher man ihr kommt, um so groteskere Formen nimmt Biedermanns Wahrheitsflucht an, und um so mehr verringert sich seine Distanz zu den Brandstiftern. Es scheint fast, als wäre er einer von ihnen, beim Zündschnur-Abmessen und bei der Streichhölzchenübergabe als Vertrauensbeweis. Gerade so, als bewahre ihn nur der Umstand, daß er ein Beisitzender ist, vor totaler Identifikation.

Objektiv wird Gottlieb Biedermann zum Helfershelfer. Die Streichhölzchen symbolisieren es. Subjektiv bleibt er ein Selbstbetrüger, der jede Bedeutung seiner Helferschaft verleugnet: „Wenn die wirkliche Brandstifter wären, du meinst, die hätten keine Streichhölzchen? ..." Es fügt sich zu solcher Schizophrenie, daß im Nachspiel die beiden Biedermanns zunächst herumrätseln müssen, wo sie sich befinden: im Himmel oder in der Hölle?

Es ist ein legitimes Mittel der Literatur, Bitteres in der Komik zu brechen, um stärker Gehör zu finden, "Kommunikation" zu erzielen, wie es Max Frisch sagt. Berühmte Zeitzeugnisse sind auf dieses Weise entstanden: 'Simplicissimus' oder 'Der brave Soldat Schwejk',

'Minna von Barnhelm' oder Brechts 'Puntila', um nur einige zu nennen, von den Versuchen, Rassenwahn und Weltkriegsgrauen zu bewältigen, ganz abgesehen. 'Biedermann und die Brandstifter' gehört zu den Kabinettstücken dieser literarischen Gradwanderung zwischen Entsetzen und Gelächter.

„Am offensichtlichsten tritt die Komik in der Absurdität des Stückes zutage. Nicht nur Handlung und Charaktere erweisen sich als absurd, auch die Sprache, deren sich Frisch bedient, trägt groteske Züge."[44]

Am auffallendsten tritt Sprache in den Dienst der Komik, wenn die Verse der wachsamen Feuerwehrleute ertönen. Sie sind unverkenbar gefertigt nach dem Vorbild der hölderlinschen 'Antigone'-Übersetzung von 1804, welche über eine lange Zeit die deutschsprachige Sophokles-Rezeption dominiert hat. Victor Ehrenberg merkt zum originalen Antigone-Chor an: „Die Greise des Chores ergreifen zwar hin und wieder Partei, aber im ganzen halten sie an konvetioneller Frömmigkeit fest und, wenn es sich um die Aufgabe der Regierenden handelt, beschränken sie sich darauf, 'nichts zu wissen'."[45]

Ein ähnlicher Grundzug eignet den Feuerwehrleuten. Zwar stellen sie sich nach der Szene 3 mit konkreten Warnungen auf die Seite der Bedrohten. Aber aufs Ganze gesehen, bleiben sie Registrierende und betonen ihren Beobachterstatus. Auch eine Persiflage auf den religiösen Bezug fehlt nicht, wenn Schmitz erklärt: „Die meisten Leute heutzutage glauben nicht an Gott, sondern an die Feuerwehr." (1)

Man möchte in den Chorreflexionen eine parodistische Absicht vermuten, doch Max Frisch belehrt uns eines Besseren: „Der Chor ist nicht parodistisch gemeint, nur komisch. Der antike Chor, der die Stadt (und insofern den Zuschauer) vertritt und auf der Bühne

---

[44] Manfred Jurgensen, Max Frisch. Die Dramen, S. 76
[45] Victor Ehrenberg, Sophokles und Perikles, S. 91

wacht, beschwichtigt und warnt, ohne wirklich eingreifen zu können, wenn Kreon sich blindlings ins Unheil begibt, hat mich immer an die brave Feuerwehr erinnert, die auch nichts machen kann, bevor's brennt, und dann ist es ja – in der Tragödie und heute – zu spät."[46]

Gelegentlich schreckt der Dichter auch auf der Reflexionsebene, dem Betätigungsfeld des Chores, vor derber Sprache nicht zurück. So lautet das Fazit der Choreuten:

> Dennoch geschieht es am End:
> Blödsinn,
> Der nimmerzulöschende jetzt,
> Schicksal genannt.

In der Sprache der Handlungsebene erkennt die Sekundärliteratur einhellig als charakteristische Eigentümlichkeit ein Mißverhältnis zwischen Gesagtem und Tatsächlichem.

„Die zur gesellschaftlichen Konvention gewordene Lüge wird von Frisch in der Phrase entlarvt"[47] heißt es da.

Die nachstehende, in Bezug auf die Burleske-Fassung getroffene Feststellung gilt auch für das spätere Bühnenstück: „Frischs Stil wird somit zum Bewußtseinsausdruck einer Diskrepanz zwischen der unerhörten Gefahr, in der Biedermann sich befindet, und der sträflichen Nachlässigkeit und fatalen Selbstberuhigung, mit der er ihr begegnet."[48]

„Die Worte werden derart verstellt gebraucht, daß sie nichts mehr gelten; die Wahrheit gilt so wenig wie die Lüge; denn die Lüge wird als Wahrheit aufgetischt, und die Wahrheit wird zum Lügen mißbraucht"[49], schlägt Eduard Stäuble in dieselbe Kerbe.

Verschiedentlich läßt Frisch im Rahmen dieser sprachlichen Grund-

---

[46] zitiert nach Sybille Heidenreich, Frisch. Andorra. Biedermann ..., S. 93f.

[47] Manfred Durzak, Dürrenmatt. Frisch. Weiss, S. 210

[48] Manfred Jurgensen, Max Frisch. Die Dramen, S. 71

[49] Eduard Stäuble, Max Frisch. Gesamtdarstellung ..., S. 116

situation satirische Blitze los, die umso erhellender wirken, als sie im Kontext zur Handlung Moralisches beleuchten, wie folgende Dialogausschnitte veranschaulichen:

> (Schmitz wartet vor der Tür.)
>
> Anna: Er will kein Haarwasser.
>
> Biedermann: Sondern?
>
> Anna: Menschlichkeit.
>
> (Schmitz Erscheinung ängstigt Biedermann.)
>
> Schmitz: Ich bin obdachlos.
>
> Biedermann: Wollen Sie – ein Stück Brot?
>
> Schmitz: Wenn Sie nichts anderes haben ...
>
> (Schmitz lobpreist Treu und Glauben.)
>
> Schmitz: Sie sind der erste Mensch in dieser Stadt, der unsereinen nicht einfach wie einen Brandstifter behandelt –
>
> Biedermann: Hier ist ein Aschenbecher.
>
> (Biedermann hat eben Knechtling abweisen lassen.)
>
> Schmitz: Wer hätte gedacht, ja, wer hätte gedacht, daß es das noch gibt! Heutzutage.
>
> Biedermann: Senf?
>
> Schmitz: Menschlichkeit.

Frisch bezieht hier seine Wirkungen aus der verblüffenden Kombination von Begriffen, von unerwarteten Reaktionen des Dialogpartners, von entlarvenden Sinnwidrigkeiten. Anderswo läßt er Doppelbedeutungen wirken: 'Gottesgericht', 'Gewissen', 'Wirtschaft' haben nicht nur den originären Wortsinn, sondern jeweils noch einen Hintersinn. So bedeutet Gottesgericht: köstlich schmeckende Speise; etwas, das unausweichlich kommt; gerechte Strafe für die Knechtling-Schuld.

Doppelten Sinn trägt auch jene Zurückweisung, mit der Biedermann die Witwe Knechtling in Szene 5 abfertigt: Er habe keine Zeit, um sich mit Toten zu befassen. Vordergründig ist vom Erfinder Knechtling die Rede, hintergründig von Biedermann selber. Denn schon bald ist er selber ein Toter, weil er 'keine Zeit' hat, die Gefahr wahrzunehmen, in der er steckt.

Es wirkt ein wenig nachdenklich, was Frisch in seinem 'Tagebuch 1946 - 1949' nahe bei der Brecht-Reflexion unter der Überschrift 'Zum Theater' notiert: „Für den Bühnendichter ist die Sprache, scheint es, doch nur ein Teil. Der andere Teil, das sinnlich Wahrnehmbare, das nun einmal zum Theater gehört, hat es an sich, gegenwärtig zu sein, auch wenn der Dichter es vergißt, mächtig zu sein, auch wenn der Dichter es nicht benutzt – gegen ihn zu sein, und zwar so, daß keine Sprache ihn rettet, keine."[50]

'Biedermann' ist ein prächtiges Stück Zeittheater. Wo das "sinnlich Wahrnehmbare" auf so vollkommene Weise gegenwärtig ist, braucht es keinen sprachlichen Rettungsanker. Und doch entwickelt sich erst aus sprachlicher und theatralischer Gelungenheit jener Vorgang, den anzureihen ein Bedürfnis des Dichters ist: die Kommunikation mit dem Publikum.

---

[50] Max Frisch, Tagebuch 1946 - 1949, S. 261

Literaturverzeichnis

Primärquellen

Frisch, Max   – Tagebuch 1946-1949
              Frankfurt am Main 1950
          – Stücke. Band 2
              Frankfurt am Main 1962
          – Öffentlichkeit als Partner
              Frankfurt am Main 1972[4]

Sekundärquellen

Bänzinger, Hans: Frisch und Dürrenmatt, Bern/München 1960

Beckermann, Thomas (Hg.): Über Max Frisch, Frankfurt am Main 1973[4]

Bernhard, Hans Joachim u.a.: Geschichte der Deutschen Literatur von den Anfängen bis zur Gegenwart. Zwölfter Band. Literatur der BRD, Berlin (O) 1983

Bieneck, Horst: Werkstattgespräche mit Schriftstellern, München 1962

Durzak, Manfred: Dürrenmatt. Frisch. Weiss, Stuttgart 1073[2]

Eckart, Rolf: Max Frisch. Andorra, München 1969[3]

Ehrenberg, Viktor: Sophokles und Perikles, München 1956

Gehrke, Hans: Brecht. Der gute Mensch von Sezuan. Leben des Galilei. Analysen und Reflexionen. Band 3, Hollfeld 1981, 4. veränderte Auflage

Geulen, Hans: Max Frisch. 'Homo Faber', Berlin (W) 1965

Heidenreich, Sybille: Frisch. Andorra. Biedermann und die Brandstifter. Analysen und Reflexionen. Band 9, Hollfeld 1974

Jurgensen, Manfred: Max Frisch. Die Dramen, Bern 1968

Karasek, Hellmuth: Max Frisch, Velber 1966

Kästler, Reinhard: Erläuterungen zu Sophokles' Antigone, Hollfeld 1985

Mittenzwei, Werner: Kampf der Richtungen. Strömungen und Tendenzen der internationalen Dramatik, Leipzig 1978

Schauspielhaus Zürich, Programmheft der Uraufführung vom 29. 3. 1958

Schenker, Walter: Die Sprache Max Frischs in der Spannung zwischen Mundart und Schriftsprache, Berlin (W) 1969

Schottlaender, Rudolf (Übers.): Sophokles. Antigone, Leipzig 1986[22]

Stäuble, Eduard: – Max Frisch. Ein Schweizer Dichter der Gegenwart, Auriswil 1960[2]
– Max Frisch. Gesamtdarstellung seines Werkes, St. Gallen 1971

Zuckmayer, Carl: Als wär's ein Stück von mir. Erinnerungen, Frankfurt am Main 1980[14]

Bange
Lernhilfen

in Ihrer Buchhandlung vorrätig

- Chemie
- Deutsch
- Englisch
- Französisch
- Geschichte
- Latein
- Mathematik
- Philosophie
- Physik

Gesamtverzeichnis

Chemie

Th. Bokorny
Chemie-Gerüst

Wegweiser und Ratgeber für Schüler und Abiturienten.
13. neubearbeitete Auflage
128 Seiten

Bestell-Nr. 0674-2

Dieses kurze, in Tabellenform abgefaßte, Vademecum der Chemie soll kein Lehrbuch oder Lexikon sein, sondern die großen Linien und wissenswerten Teile der modernen Chemie übersichtlich klar und einprägsam veranschaulichen und in Erinnerung bringen.

Thomas Neubert
Chemische Formelsammlung 9.-10. Klasse

36 Seiten

Bestell.-Nr. 0685-8

Hier wurden die wesentlichen Formeln mit ihren Anwendungsmöglichkeiten aufgezeichnet. Für den Schulunterricht und für häusliches Arbeiten ein wichtiges Hilfsmittel – echte Lernhilfe!

Deutsch

Christian Floto
Basisinterpretationen für den Literatur- und Deutschunterricht I

-Ausgewählte Stücke und Prosa von Shakespeare bis Ionesco-
96 Seiten 2. Auflage

Bestell-Nr. 0589-4

Nach einer kurzen Skizzierung der Literaturepoche werden anhand häufig gelesener Stücke Basisinterpretationen gegeben. Alle Beispiele entstanden im Unterricht der Sekundarstufen.
Folgende Stücke werden u.a. behandelt:
Shakespeare, Hamlet - Lessing, Nathan - Schiller, Wallenstein - Goethe, Iphigenie - Kleist, Marquise von O/Die Verlobung ... - Fontane, Effi Briest - Dostojewski, Der Spieler - Hauptmann, Rose Bernd -Mann, Tonio Kröger - Döblin, Berlin Alexanderplatz - Kafka, Der Prozeß - Brecht, Sezuan - Kipphardt, Oppenheimer - Frisch, Homo Faber - Frisch, Biedermann u. Br. - Ionesco, Die Stühle.

Bernd Matzkowski
Basisinterpretationen für den Literatur- und Deutschunterricht III

Untersuchungen und didaktische Hinweise zum Volksbuch Till Eulenspiegel.

Hinweise auf den Schelmenroman.

80 Seiten

Bestell-Nr. 0598-3

Sachanalyse - Ausgewählte Historien - Motivquerverbindungen zu Schelmenromanen des 16. und 17. Jahrhunderts - Vorschläge für die Behandlung im Unterricht u.a.

Bernd Matzkowski/Ernst Scott
Basisinterpretationen für den Literatur- und Deutschunterricht IV

36 moderne deutsche Kurzgeschichten mit Arbeitsfragen.

112 Seiten

Bestell-Nr. 0599-1

Interpretation der Kurzgeschichten **mit Arbeitsfragen** zu
ARBEITSTEXTE FÜR DEN UNTERRICHT (Reclam)
Deutsche Kurzgeschichten 11.-13. Schuljahr und Pratz/Tiel:
NEUE DEUTSCHE KURZGESCHICHTEN
(Deisterweg)

Karin Cohrs/Martin H. Ludwig
Basisinterpretationen für den Literatur- und Deutschunterricht V

Romane und Novellen des 19. Jahrh.

120 Seiten

Bestell-Nr. 0631-9

Aus dem Inhalt:
Einleitung, Politik und Kultur des 19. Jahrhunderts - Interpretationen ausgewählter Romane und Novellen.

Kurzbiographie des Dichters - Entstehung des Werkes - Inhalt - Charaktere - Situationen - Erschließung des Textes (stilistische Besonderheiten, literaturhistorischer Rahmen, gesellschaftliche und politische Bezüge usw.). Arbeitsfragen.
Hoffmann, Das Fräulein von Scuderi - Kleist, Das Erdbeben in Chili - Mörike, Maler Nolten - Gotthelf, Wie Uli der Knecht glücklich wird - Storm, Immensee - Droste-Hülshoff, Die Judenbuche - Raabe, Die Akten des Vogelgesangs - Fontane, Der Stechlin - Eichendorff, Aus dem Leben eines Taugenichts - Keller, Die drei gerechten Kammacher - Storm, Hans und Heinz Kirch - Raabe, Die schwarze Galeere - Fontane, Schach von Wuthenow - Hauptmann, Bahnwärter Thiel

Rüdiger Giese/Christian Floto
Basisinterpretationen für den Literatur- und Deutschunterricht VI

Romane und Novellen aus dem 20. Jahrhundert

112 Seiten

Bestell-Nr. 0473-1

Schnitzler, Leutnant Gustl - Mann, Tod in Venedig - Kafka, Die Verwandlung - Hesse, Der Steppenwolf - Kästner, Fabian - Mann, Mephisto - Zweig, Schachnovelle - Böll, Haus ohne Hüter - Wolf, Der geteilte Himmel - Kempowski, Tadellöser und Wolff

Bausteine - Deutsch

stellt detaillierte Unterrichtsstunden zur Behandlung unterschiedlichster Texte für die Sekundarstufen I und II vor.

Anordnung der Stunden als Sequenzen - Texte und Textanalysen - Didaktisch-methodische Arbeitshinweise - praktisch zu handhaben.

Angesprochen sind Lehrer und Lehramtsanwärter aller Schulformen.

Autoren sind: Praktiker - Ausbilder - Fachwissenschaftler aus allen Schulformen.

Bausteine Lyrik I

Spiel mit Sprache/Lyrischer Humor/Konkrete Poesie
Bestell-Nr. 0650-5

Bausteine Lyrik II

Balladen/Modernes Erzählgedicht/Chanson/Politische Lyrik/Thema- und Motivverwandtschaft.
Bestell-Nr. 0651-3

Gerhart Hauptmann: Die Weber
Bestell-Nr. 0652-1

Max Frisch: Homo Faber
Bestell-Nr. 0653-X

Theodor Storm: Pole Poppenspäler
Bestell-Nr. 0654-8

Albert Camus: Die Pest
Bestell-Nr. 0655-6

George Orwell: 1984/Animal Farm
Bestell-Nr. 0656-4

Thomas Mann: Tonio Kröger
Bestell-Nr. 0657-2

Goethe-Plenzdorf: Werther
Bestell-Nr. 0658-0

Theodor Storm: Schimmelreiter
Bestell-Nr. 0659-9

Gotth. E. Lessing: Nathan der Weise
Bestell-Nr. 0660-2

Fr. Dürrenmatt:
Der Richter und sein Henker
Bestell-Nr. 0661-0

Joh. W. von Goethe: Faust I/II
Bestell-Nr. 0662-9

Jos. v. Eichendorff: Taugenichts
Bestell-Nr. 0663-7

Hermann Hesse: Der Steppenwolf
Bestell Nr. 0664 5

Franz Kafka: Kurze Prosaformen
Bestell-Nr. 0665-3

Joh. Wolfg. von Goethe:
Iphigenie auf Tauris
Bestell-Nr. 0666-1

Bert Brecht: Leben des Galilei
Bestell-Nr. 0667-X

Annette von Droste-Hülshoff:
Die Judenbuche
Bestell-Nr. 0668-8

Dichtung in Theorie und Praxis

Texte für den Unterricht

Mit dieser Serie von Einzelheften legt der BANGE-VERLAG Längs- und Querschnitte durch Dichtungs-(Literatur) Gattungen für die Sekundarstufen vor.
Jeder Band ist - wie der Reihentitel bereits aussagt - in die Teile Theorie und Praxis gegliedert; darüber hinaus werden jeweils zahlreiche Texte geboten, die den Gliederungsstellen zugeordnet sind. Ein Teil Arbeitsanweisungen schließt sich an, der entweder Leitfragen für die einzelnen Abschnitte oder übergeordnete oder beides bringt.

Wir hoffen bei der Auswahl der Texte eine „ausgewogene Linie" eingehalten und die Bände für die Benutzer wirklich brauchbar gestaltet zu haben.

Bestell-Nr.

Weitere Bände in Vorbereitung

Egon Ecker

Wie interpretiere ich Novellen und Romane?

Methoden und Beispiele

180 Seiten - 3. veränderte Auflage

Bestell-Nr. 0686-6

Notizen zur Betrachtung eines dichterischen Textes - zur Technik der Interpretation.

Beispiele:
Keller, Drei gerechte Kammacher

Novellen:
Büchner, Lenz - Storm, Schimmelreiter - Andres, Die Vermummten

Romane:
Mann, Königl. Hoheit - Frisch, Homo Faber - Andres, Knabe im Brunnen - Andersch, Sansibar.
Zur Theorie der Novelle - Zur Theorie des Romans - Gliederungsvorschläge - Themenvorschläge - Literaturverzeichnis

Epochen deutscher Literatur

Kurzgefaßte Abhandlung für den Deutschunterricht an weiterführenden Schulen.

Bestell.-Nr. 0480
Die deutsche Romantik I
Frühromantik

Bestell.-Nr. 0481
Realismus des 19. u. 20. Jahrhunderts

Bestell.-Nr. 0482
Impressionismus und Expressionismus

Bestell.-Nr. 0483
Sturm und Drang

Bestell.-Nr. 0484
Die deutsche Romantik II
Spätromantik

Bestell.-Nr. 0485
Die Deutsche Klassik

Bestell.-Nr. 0486
Von der Aufklärung zum Sturm und Drang
Literaturgeschichtliche Querschnitte

Bestell.-Nr. 0486
Deutsche Dichtung des Barock

Textanalyse 1
Umgang mit fiktionalen
(literarischen) Texten

152 Seiten

Bestell-Nr. 0641-6

Aus dem Inhalt:
I. Der Begriff des fiktionalen Textes: Das "Ästhetische"
der Literatur - Betrachtungsweisen von Literatur - Litera-
rische Wertung.

II. Probleme der Interpretation: Der Prozeß des "Verste-
hens" - Methoden der Literaturinterpretation - Arbeits-
techniken (Textwiedergabe / Texterarbeitung / Texterörterung).

III. Beispiele für Interpretationen: Epische Texte - Dramatische Texte - Gedichte.

IV. Massenliteratur.

Textanalyse 2
Umgang mit nichtfiktionalen
(Gebrauchs-)Texten

144 Seiten

Bestell-Nr. 0642-4

Aus dem Inhalt:
I. Der Textbegriff.
II. Eine Typologie von Gebrauchstexten.
III. Bedingungen der Textanalyse.
IV. Methoden der Textanalyse: Textwiedergabe - Text-
beschreibung - Texterörterung.
V. Beispiele für Textanalysen: Darstellende Texte (Sach-
texte/Wissenschaftliche Texte) - Werbende Texte (Wer-
betexte/Politische Reden) - Gesetzestexte.

Gebrauchstextanalysen

-Methoden und Beispiele-

2. Auflage, 80 Seiten

Bestell-Nr. 0588-6

Herausgegeben von einem Arbeitskreis der Pädagogischen Akademie Zams.

Aus dem Inhalt:
I. Warum Textuntersuchung? Begriffserklärungen
II. Textanalyse - Textkritik
Vorgestellt werden nur drei Möglichkeiten der Analyse:
a) Kommunikationstheoretischer Aspekt
b) stilistischer Aspekt
c) soziologischer Aspekt
III. Gebrauchstexte verschiedener Art, die auf o.a.
Aspekte hin untersucht, bzw. kritisiert wurden.

Ordnung der Texte nach Themenkreisen:
Werbetexte - Ferienprospekte - Kinoprogramme - Di-
verse Jugendzeitschriften (Bravo u.a.) - Illustrierte und
Frauenzeitschriften (Frau im Spiegel u.a.) - Schullesebü-
cher: Politische Beiträge/Kulturelle Beiträge - Literari-
sche Texte.

Robert Hippe
Mündliche und schriftliche
Kommunikation

3. Aufl., 104 Seiten

Bestell-Nr. 0563-0

Sprache - Sprache und Verständigung
Grundbegriffe der Kommunikation - Die drei Dimen-
sionen des Zeichens - Verschiedene Arten von Zeichen
- Sprache und Norm
Die Rede - Formen der Rede - Rhetorische Figuren -
Analyse vorgegebener Reden - Redeanleitungen, - ana-
lysen und - sammlungen - Der Weg zur eigenen Rede -
Exkurs 1: Kodierungsebenen - Exkurs 2: Die Sprache
der Werbung als appellative Rede
Das Referat - Verfahrensschritte - Beurteilungskriterien
- Geeignete Stoffe zur Auswahl
Die Diskussion - Analyse einer vorgegebenen Diskus-
sion - Hinweise auf Vorbereitung, Durchführung und
Zielsetzung einer Diskussion - Der Diskussionsbeitrag
im sogenannten "Fünfsatz" - Die Debatte - Bericht(er-
stattung), Kolloquium, Vorlesung
Das Protokoll - Die Arten des Protokolls - Kriterien für
die Beurteilung von Stundenprotokollen - Analyse von
Protokollen
Die Inhaltsangabe - Merksätze zur Abfassung - Verfah-
rensschritte - Analyse von Inhaltsangaben - Geeignete
Stoffe zur Auswahl
Die Erörterung - Merksätze zur Abfassung - Analyse
von Erörterungen - Geeignete Stoffe zur Auswahl.

Robert Hippe
Umgang mit Literatur

2. Auflage, 116 Seiten

Bestell-Nr. 0564-9

Definition von Literatur - Grundformen von Literatur -
Merkmale der Lyrik - Merkmale der Epik - Merkmale der
Dramatik - Formprobleme der Literatur - Aufbaupro-
bleme in der Literatur - Arten der Interpretation - Was ist
Interpretation - Literatur und Wirklichkeit u.v.a.

Robert Hippe
Sprach- und Textbetrachtung

132 Seiten

Bestell-Nr. 0569-X

Sprachbetrachtung

Historisch - Theorien über die Entstehung der Spra-
che(n) - Die indogermanische (idg.) Sprachfamilie - Die
geschichtliche Entwicklung des Hochdeutschen - Lehn-
und Fremdwörter - Sprachrätsel und Sprachspiele -
Auswahl-Bibliographie.
Systematisch - Grammatik - die traditionelle Grammatik - Die generative Transformationsgrammatik - Die
strukturelle Grammatik.

Textbetrachtung

Allgemeines - Definition von Text - Textsorten - Beispiele
- Übungen - Auflösung der Rätsel.

Robert Hippe
Kurzgefaßte deutsche Grammatik
und Zeichensetzung

9. Auflage, 72 Seiten

Bestell-Nr. 0515-0

Ein Abriß der deutschen Grammatik systematisch und
fundamental dargeboten; beginnend mit den Wortarten,
Betrachtung der Satzteile und Nebensätze bis zu den
Satzzeichen, Beispiele durchsetzen das Ganze und Lö-
sungen sollen Fehler auffinden helfen. Ein nützliches, in
Tausenden von Exemplaren bewährtes, Übungs- und
Nachhilfebuch.

Robert Hippe

Interpretationen zu 62 ausgewählten motivgleichen Gedichten

mit vollständigen Gedichtstexten
·6. Auflage, 120 Seiten

Bestell-Nr. 0587-7

Der Verfasser hat die wiedergegebenen Interpretationen und Auslegungen in langen Gesprächen und Diskussionen mit Oberprimanern erarbeitet. Die hier angebotenen Deutungsversuche erheben keinen Anspruch auf die einzig möglichen oder richtigen, sondern sollen Ausgangspunkte für Weiterentwicklungen und Erarbeitungen sein.

Aus dem Inhalt: Themen wie Frühling – Herbst – Abend und Nacht – Brunnen – Liebe – Tod – Dichtung u.v.a.

Robert Hippe

Interpretationen zu 50 modernen Gedichten

mit vollständigen Gedichtstexten
4. Auflage, 136 Seiten

Bestell-Nr. 0597-5

Der vorliegende Band verspricht Interpretationshilfe und Deutungsversuche – in unterschiedlicher Dichte und Ausführlichkeit – für 50 moderne Gedichte. Materialien und Auswahlbibliographie geben dem Interessenten Hilfen für den Deutsch- und Literaturunterricht. Für den Lehrer eine echte Bereicherung zur Vorbereitung des Unterrichts.

Aus dem Inhalt: Lasker-Schüler – Hesse – Carossa – Benn – Britting – Brecht – Eich – Kaschnitz – Huchel – Kästner – Bachmann – Piontek – Celan – Härtling – Reinig – Grass – Enzensberger u.v.a.

Robert Hippe

Kurzgefaßte deutsche Rechtschreiblehre

64 Seiten

Bestell-Nr. 0545-2

Im ersten Teil dieses Buches findet man die wichtigsten Regeln der deutschen Rechtschreibung.

Der zweite Teil besteht aus 36 Übungstexten zu diesen Regeln zum Erlernen, Einprägen und Wiederholen. Die Lösungen am Schluß des Bandes dienen zur Kontrolle.

Interpretationen motivgleicher Gedichte in Themengruppen

mit vollständigen Gedichtstexten

Band 1:
Edgar Neis

Der Mond in der deutschen Lyrik

80 Seiten

Bestell-Nr. 0620-3

Arp – Bischoff – Borchert – Boretto – Britting – Brokkes – Bürger – Claudius – Däubler – Droste-Hülshoff – Geibel – Gleim – Goethe – Härtling – Heine – Holz – Klopstock – Krähenbühl – Krolow – Lange – Lehmann – Leonhard – Lichtenstein – zur Linde – Maurer – Morgenstern – Rasche – Rühmkorf – v. Stollberg – Trakl – v.d. Vring – Werfel – Wiens.

Band 2:
Edgar Neis

Politisch-soziale Zeitgedichte

2. Auflage, 112 Seiten

Bestell-Nr. 0621-1

Bachmann – Biermann – Brecht – Bürger – Celan – Dehmel – Domin – Enzensberger – Le Fort – Freiligrath – Gryphius – Hädecke – Hagelstange – Heine – Herwegh – Keller – Kerr – Logau – Marti – Platen – Sabias – Salis – Schenkendorf – Schiller – Schreiber – Schubart – Tucholsky – W.v.d. Vogelweide – Weitbrecht – Wildenbruch.

Band 3:
Edgar Neis

Der Krieg im deutschen Gedicht

2. Auflage, 112 Seiten

Bestell-Nr. 0622-X

Bender – Benn – Biermann – Binding – Brambach – Brecht – Claudius – Dehmel – Eich – Flex – Le Fort – Fried – Gleim – Goethe – Hakel – Heise – Heym – Hölderlin – Höllerer – Huchel – Jahn – Jean Paul – Kaschnitz – Kästner – Körner – Leib – Lersch – Leonhard – Liliencron – Logau – Menzel – Mosen– Mühsam – Münchhausen – Neumann – Nick – W. Paul – Sachs – Schiller – Schnurre – Schumann – Stramm – Toller – Toussel – Trakl – Tumler – Vogel – Wiechert.

Band 5:
Robert Hippe

Der Tod im deutschen Gedicht

2. Auflage, 80 Seiten

Bestell-Nr. 0624-6

Bächler – Benn – Brecht – Celan – Claudius – Droste-Hülshoff – Eich – Goethe – Gryphius – Hesse – Heym – Hofmannsthal – Hofmannswaldau – Höllerer – Kaltneker – Keller – Klopstock – C.F. Meyer – Mörike – Nick – Nietzsche – Novalis – Rilke – Schiller – Storm – Stramm – Trakl – Uhland.

Band 6:
Robert Hippe

Die Jahreszeiten im deutschen Gedicht

2. Auflage, 80 Seiten

Bestell-Nr. 0625-4

Benn – Britting – Claudius – George – Gerhardt – Goes – Goethe – Hagedorn – Heine – Hebbel – Hesse – Hofmannsthal – Hölderlin – Hölty – Huchel – Lenau – Logau – C.F. Meyer – Mörike – Rilke – Stadler – Storm – Trakl – Uhland – W.v.d. Vogelweide.

Band 7:
Robert Hippe

Deutsche politische Gedichte

2. Auflage 68 Seiten

Bestell-Nr. 0626-2

Baumann – Biermann – Becher – Below – Brecht – Delius – Enzensberger – Fried – Fürnberg – Gomringer – Grass – Heine – Hoffmann v. Fallersleben – Holzapfel – Karsunke – Kunert – Luckhardt – Morawietz – Pottier – Radin – v. Saar – Scherchen – Schneckenburger – U. Schmidt – Schumann– Vesper – Walraff – Weinheber – Wessel – Zimmerling.

Band 8:
Edgar Neis
Die Welt der Arbeit im deutschen Gedicht
100 Seiten
Bestell-Nr. 0627-0

Barthel - Bartock - Billinger - Brambach - Bröger - Chamisso - Dehmel - Dortu - Engelke - Freiligrath - Grisar - Heine - Herwegh - Jünger - Krille - Lersch - Lessen - Naumann - Petzold - Pfau - Piontek - Rilke - Schreiber - Seidel - Weerth - Weinheber - Wieprecht - Winckler - Zech.

Band 9:
Edgar Neis
Deutsche Tiergedichte
136 Seiten
Bestell-Nr. 0628-9

Barth - Bergengruen - Billinger - Boretto - Brecht - Britting - Busch - Claes - Dauthendey - Dehmel - Domin - Droste-Hülshoff - Eggebrecht - Eich - Freiligrath - Gellert - Gleim - Goethe - Grillparzer - Groth - Härtling - Hagedorn - Haushofer - Hausmann - Hebbel - Heine - Hesse - Huchel - F.G. Jünger - W. Lehmann - Liliencron - A.G. Kästner - Keller - Kolmar - Krolow - C.F. Meyer - Morgenstern - Pfeffel - Piontek - Rilke - Ringelnatz - Eugen Roth - N. Sachs - Schaefer - Trakl - Vring - Weinheber - Wiedner - Zachariae - Zuckmayer.

Interpretationen zeitgenössischer deutscher Kurzgeschichten

Karl Brinkmann
4. Auflage, 80 Seiten
Bestell-Nr. 0602-5
Band 3: Aichinger, Plakat - Alverdes, Die dritte Kerze - Böll, Damals in Odessa / Mann mit den Messern / Lohengrins Tod / Wanderer kommst du nach Spa ... - Borchert, Die lange, lange Straße lang / Generation ohne Abschied / Lesebuchgeschichten - Eisenreich, Ein Augenblick der Liebe - Gaiser, Brand im Weinberg / Du sollst nicht stehlen - Langgässer, Die zweite Dido / Glück haben - Lenz, Jäger des Spottes - Schnurre, Die Tat - Spang, Seine große Chance - Spervogel, Hechtkönig - Wiechert, Hauptmann v. Kapernaum / Hirtenknabe.

Martin Pfeifer
4. Auflage, 84 Seiten
Bestell-Nr. 0603-3
Band 4: Aichinger, Hauslehrer / Nichts und das Boot - Bender, Die Wölfe kommen zurück - Böll, Über die Brücke / Es wird etwas geschehen - Brecht, Mantel des Ketzers - Britting, Brudermord im Altwasser - Eich, Züge im Nebel - Ernst, Das zweite Gesicht - Fallada, Lieber Hoppepoppel - Franck, Taliter - Hesse, Beichtvater / Bettler - Johnson, Jonas zum Beispiel - Kusenberg, Eine ernste Geschichte - Langgässer, Saisonbeginn - Le Fort, Frau des Pilatus - Meckauer, Bergschmiede - Pohl, Yannis letzter Schwur - Rinser, David - Schäfer, Hirtenknabe - Schallück, Der Tod hat Verspätung - v. Scholz, Das Inwendige - Walser, Ein schöner Sieg - Weisenborn, Aussage.

Edgar Neis
3. Auflage, 56 Seiten
Bestell-Nr. 0604-1
Band 5: Borges, Das geheime Wunder - Calderón, Invasion - Callaghan, ein sauberes Hemd - Campos, Solidarität - Carson, Ein Mädchen aus Barcelona - Hemingway, Die Killer - Huxley, Schminke - Joyce, Eveline - Katajew, Die Messer - Mansfield, Für sechs Pence Erziehung - Manzoni, Die Repräsentiertasse - Olescha, Aldebaran - Saroyan, Vom Onkel des Barbiers, dem von einem Zirkustiger der Kopf abgebissen wurde - Sartre, Die Mauer - Timmermans, Die Maske.

Karl Brinkmann
3. Auflage, 80 Seiten
Bestell-Nr. 0605-X
Band 6: Andersch, Sehnsucht nach Sansibar - Böll, Wie in schlechten Romanen /Undines gewaltiger Vater - Gaiser, Das Wespennest / Fünfunddreißig Meter Tüll / Der Motorradunfall - Grass, Der Ritterkreuzträger - Hildesheimer, Nächtliche Anrufe - Holthaus, Geschichten aus der Zachurei / Allgemeines / Wo liegt Zachzarch / Das Wirtshaus Zum Vollautomatischen Bären - Lenz, Masurische Geschichte / Der Leseteufel / So schön war mein Markt / Der große Wildenberg - Kramp, Was der Mensch wert ist - Reding, Die Bulldozer kamen / Während des Films / Jerry lacht in Harlem / Fahrerflucht - Schnurre, Wovon der Mensch lebt - Walser, Die Artikel, die ich vertrete.

Rudolf Kanzler
64 Seiten
Bestell-Nr. 0606-8
Band 7: Aichinger, Die Silbermünze - Altendorf, Der Knecht Persenning - Andersch, Ein Auftrag. für Lord Glouster - Bauer, Hole deinen Bruder an den Tisch - Britting, Der Gang durchs Gewitter - Dörfler, Der Kriegsblinde - Hesse, Das Nachtpfauenauge - Hildesheimer, Der Urlaub - Kaschnitz, Gespenster - Lenz, Die Nacht im Hotel - Th. Mann, Das Eisenbahnunglück - Noack, Die Wand - Ohrtmann, Der Sched ist wieder da - Rinser, Der fremde Knabe - Schallück, Unser Eduard - Wiechert, Mein erster Adler.

Edgar Neis
80 Seiten
Bestell-Nr. 0607-6
Band 8: Andersch, Grausiges Erlebnis - Bachmann, Alles - Bender, In der Gondel / Fondue - Bichsel, Tochter - Bobrowski, Epitaph für Pinnau - Bolliger, Verwundbare Kindheit - Brecht, Wiedersehen - Eisenreich, Der Weg hinaus - Fritz, Schweigen vieler Jahre - Fühmann, Judenauto / Schöpfung - Gaiser, Gazelle grün - Heissenbüttel, Wassermaler - Kaschnitz, Das rote Netz - Kunert, Fahrt mit der S-Bahn - Nossack, Das Mal - Reinig, Drei Schiffe - A. Schmidt, Resümee - Walser, Tänzer / Knabe - Wohmann, Ich Sperber / Der Schwan / Knurrhahn-Stil.

Wolfgang Kopplin
Kontrapunkte

160 Seiten

Bestell-Nr. 0547-9

Kontroversinterpretationen zur modernen deutschsprachigen Kurzprosa.
Prosatexte, zwischen 1963 und 1975 entstanden, dienen dem Autor dazu, die dialektische Methode des Pro und Kontra als Interpretationsansatz anzuwenden. Dem Primärtext schließen sich jeweils die Kontroversinterpretationen an. Ein Buch, welches Anregungen zum Verstehen und zur Entschlüsselung von Texten gibt.
Inhalt: Texte von Artmann - Bichsel - Dellin - Gerz - Gregor - Kunert - Reinig - Schnurre u.a. werden in einer Pro- und Kontra-Interpretation vorgestellt.

Albert Lehmann
Erörterungen

**Gliederungen und Materialien
Methoden und Beispiele**

5. verb. Auflage, 184 Seiten

Bestell-Nr. 0692-0

Die vorliegende Sammlung von 58 Gliederungen, die durch Erläuterungen - vornehmlich Beispiele - zu den einzelnen Gliederungspunkten erweitert sind, sollen die Wiederholung des Jahresstoffes erleichtern.
Stoffkreisthemen: Natur - Tourismus - Technik - Freizeit - Arbeit/Beruf - Konflikte zwischen den Generationen - Drogen - Kinder und Familie - Die Stellung der Frau in der Gesellschaft - Sport - Massenmedien und viele Einzelthemen.
Für Lehrer ein unentbehrliches Nachschlage- und Vorbereitungsbuch.

Birgit Lermen /
Matthias Loewen
Trickfilm als didaktische Aufgabe

Band 1: Sekundarstufe I
232 Seiten - Fotos
Bestell-Nr. 0618-1

Band 2: Sekundarstufe II
Bestell-Nr. 0619-X
216 Seiten - Fotos

Die Untersuchung über den Trickfilm als didaktische Aufgabe trägt der unterschiedlichen Ausgangslage in den beiden Stufen des Sekundarunterrichts Rechnung durch die Aufteilung in zwei Bände.

Band 1 stellt sich gezielt auf die Bedürfnisse und Erwartungen der Sekundarstufe I ein. Aus der Eigenart des Mediums Trickfilm wird ein Analyse-Instrumentarium entwickelt, dessen Brauchbarkeit an 13 Filmen unterschiedlicher Herkunft erprobt wird. Auf der damit geschaffenen Grundlage wird ein didaktisch-methodisches Konzept erstellt.

Band 2 orientiert sich an den Bedürfnissen der Sekundarstufe II. Eine semiotische Einführung erweitert und vertieft die in Band I erstellte Grundlage. Im Mittelpunkt stehen wieder die Einzelanalysen, deren Zahl des größeren Umfangs wegen auf zwölf reduziert ist.
Wie in Band I soll beides - Analysen und Einführung - als Basis dienen für didaktische Fragestellungen und Entscheidungen.

Die Auswahl der Filme wurde in beiden Bänden bestimmt durch :
a) das Ausleihangebot der Stadt- und Kreisbildstellen in der Bundesrepublik,
b) die ästhetische Qualität,
c) die thematische Relevanz,
d) die didaktische Potenz.

Martin H. Ludwig
Das Referat

Kurze Anleitung zu einer Erarbeitung und Abfassung für Schüler und Studenten.

2. Auflage

Bestell-Nr. 0646-7

Planen und Sammeln - Bibliographieren - Schreiben und Zitieren - Lesen und Notieren - Auswerten und Gliedern - Der Text - Der Vortrag.

Martin H. Ludwig
Praktische Rhetorik

Reden - Argumentieren - Erfolgreich verhandeln

2. Auflage

Grafiken - 136 Seiten

Bestell.-Nr. 0688-2

Praktische Rhetorik ist ein Übungsfeld für jedermann! Ob bei der Sammlung von Gedanken, bei der Konzentration der Argumente, bei der Gestaltung einer Rede, in der Rücksichtnahme auf den Verhandlungspartner, bei der Vorsicht vor "gefährlichen" Redewendungen.

Aus dem Inhalt: Formale Rhetorik - Dekorative Rhetorik - Verwendung von Argumenten in der Verhandlung - Psychologie in der Verhandlung - Einzelne Techniken zur Durchsetzung von Anliegen - Positive Verhandlungstechniken - Wie wehre ich mich gegen ...? - Typische Verhandlungssituation - Wann sind welche Techniken angebracht?

Martin H. Ludwig/
Eckhard Ostertag
Lernen - Qual oder Zufall?

Vademecum der Lernarbeit
160 Seiten

Bestell-Nr. 063-4

Dieses Buch ist für solche Menschen geschrieben, die aus eigenem Antrieb lernen möchten, die eine Hilfe und Anleitung für ein leichteres und effektiveres Lernen gebrauchen können.

Aus dem Inhalt: – Warum Lernen lernen? – Wer lernt was warum? – Unter welchen Voraussetzungen lernen wir? – Wie lernen? – Wie lange lernen? – Wieviel lernen? – Wann lernen? – Wie oft lernen? – Womit lernen? – Wo lernen? – Lernen - ein Abenteuer mit sich und mit anderen – Wie das Gelernte festigen? Das eigene Mehrkanalprogramm – Lernen macht Spaß! – Checklisten und Übersichten

Methoden und Beispiele der Kurzgeschichten-Interpretation

4. Auflage, 64 Seiten

Bestell-Nr. 0691-2

Herausgegeben und erstellt von einem Arbeitskreis der Pädagog. Akademie Zams.

Methoden: Werkimmanente, existenzialistische, grammatische, stilistische, strukturelle, kommunikative, soziologische, geistesgeschichtliche, historisch/biographisch/symbolistische Methode.

Beispiele: Eisenreich - Cortázar - Dürrenmatt - Brecht - Horvath - Bichsel - Kaschnitz - Lenz - Weißenborn - Rinser - Borchert - Nöstlinger - Wölfel - Langgässer.

An Beispielen ausgewählter Kurzgeschichten werden die einzelnen Methoden der Interpretation demonstriert und erläutert. Information und Nachschlagewerk für den Unterricht in den Sekundarstufen.

Edgar Neis
Das neue große Aufsatzbuch

-Methoden und Beispiele des Aufsatzunterrichts für die Sekundarstufen I und II -

212 Seiten - 5. erweiterte Auflage

Bestell-Nr. 0636-X

Inhalt:
Zur Technik des Aufsatzschreibens - Stoffsammlung und Disposition - Wie schreibe ich eine Charakteristik? - Wie schreibe ich eine Erörterung? - Der dialektische Besinnungsaufsatz - Themen und Aufsätze zu Problemen unserer Zeit - Aufsätze zur Literatur - Wege der Texterschließung - Interpretationshinweise - Fachbegriffe der Aufsatzlehre (Lexikon der Terminologien) - Vorschläge für Aufsatzthemen - Themenkatalog für das Ende des 20. Jahrhunderts - Literaturnachweis.
Dieses Buch richtet sich an Lehrer und Schüler von Haupt-, Real- und Oberschulen (Gymnasien).
Breit einsetzbar in Grund- und Leistungskursen.

Edgar Neis
Moderne deutsche Diktatstoffe

-Sekundarstufe I-

5.-10. Jahrgangstufe

2. Auflage, 118 Seiten

Bestell-Nr. 0693-9

Beide Bände sollen der Einübung und Wiederholung der Rechtschreibung und Zeichensetzung dienen. Jeder Band gliedert sich in zwei Teile, einen systematischen Teil, der zielbewußter Einübung von Wörtern, deren Schreibung Schwierigkeiten bereitet, dient und einen allgemeinen Teil. Dieser bringt zusammenhängende Diktatstoffe aus dem deutschen Schrifttum. Die Namen der Verfasser bürgen für die Stilhöhe der einzelnen Texte.

Edgar Neis
Deutsche Diktatstoffe -Unterstufe-

3. bis 7. Jahrgangsstufe

6. verbesserte Auflage, 64 Seiten

Bestell-Nr. 0524-X

Edgar Neis
Interpretationen von 66 Balladen, Erzählgedichten und Moritaten

Analysen und Kommentare

6. Auflage, 176 Seiten

Bestell-Nr. 0590-8

Balladen des 18., 19. und 20. Jahrhunderts werden in diesem für Lehrer, Studenten und Schüler bestimmten Band ausführlich interpretiert und durch Erklärungen Verständnis für diese Art Dichtung geweckt. Eine unentbehrliche Hilfe für den Deutsch- und Literaturunterricht.

Aus dem Inhalt: Bürger - Herder - Goethe - Schiller - Uhland - Eichendorff - Heine - Droste-Hülshoff - Miegel - Brecht - Huchel - Celan - Chr. Reinig - Kunert u.v.a.

Edgar Neis
Interpretationen motivgleicher Werke der Weltliteratur

2. Auflage, je 144 Seiten

Dramatische, epische und lyrische Gestaltung der bekanntesten Stoffe der Weltliteratur werden mit knappen Inhaltsangaben vorgestellt und miteinander vergleichend interpretiert.

Band 1:
Mythische Gestalten   **Bestell-Nr. 0548-7**

Alkestis - Antigone - Die Atriden (Elektra / Orest) - Iphigenie - Medea - Phädra

Band 2:
Historische Gestalten   **Bestell-Nr. 0549-5**

Julius Caesar - Coriolan - Der arme Heinrich - Die Nibelungen - Romeo und Julia - Jeanne d'Arc / Die Jungfrau v. Orleans - Johann Joachim Winckelmann

Edgar Neis
Verbessere Deinen Stil

3. Auflage, 120 Seiten

Bestell-Nr. 0539-8

Der Autor versucht im vorliegenden Band vom grundlegenden Schema über Wortwahl und Satzgestaltung den Interessierten zu einer guten Ausdrucksform zu führen. Stil ist erlernbar, deshalb wurden im 2. Teil viele künstlerisch gestaltete, stilvolle Beispiele wiedergegeben.

Edgar Neis
Wie interpretiere ich ein Drama?

Methoden und Beispiele
4. Auflage - 224 Seiten

Bestell-Nr. 0633-8

Erstbegegnungen mit dramatischen Formen - Methode des Interpretierens - Wege zur Erschließung und Analyse eines Dramas.

Arbeit im Detail: Titel, Personen, Handlung, Aufbau, Sprache, Realisation, Bühnengestaltung, Regieanweisungen, sozio-kulturelle und historische Einordnung usw.

Modellinterpretationen - Zur Theorie des Dramas - Literaturverzeichnis.

Interessenten: Lehrer und Schüler aller Schulgattungen.

Edgar Neis
Wie interpretiere ich Gedichte und Kurzgeschichten?

15. Auflage, 208 Seiten

Bestell-Nr. 0530-3

Ein „Grundkurs", die Kunst der Interpretation zu erlernen und zu verstehen. Die tabellarischen Leitlinien führen den Benutzer des Buches zum Verständnis für diese Gattung der Poesie. Anhand von zahlreichen durchgeführten Interpretationen ist dieses Buch ein unentbehrliches Hilfsmittel für Schüler und Lehrer.

Eckhard Ostertag
Berufswahl - leichtgemacht

Der Fahrplan für eine systematische Berufsentscheidung
Grafiken - 112 Seiten

Bestell-Nr. 054-5

Was soll ich werden? – Welcher Beruf hat Zukunft? – Was kommt nach der Schule? – Wer hilft mir bei der Berufswahl? – Was kann ich tun, um nicht arbeitslos zu werden? – Wie bewerbe ich mich richtig? – Wie erhalte ich eine Lehrstelle? – Wie komme ich an einen Studienplatz?

Viele Fragen, Fragen, die heute oft nicht leicht zu beantworten sind. Existenzielle Fragen aber für alle jungen Menschen, die in einer Zeit des wirtschaftlichen und technologischen Umbruchs sich für einen Beruf entscheiden müssen.

Das vorliegende Buch will für alle Berufssuchende und deren Berater eine praktische Lebenshilfe geben. Es wird ein Fahrplan vorgelegt, der die vielfältigen Stationen des Berufswahlverlaufs übersichtlich und systematisch aufzeigt.

Reiner Poppe
Aufsätze im Deutschunterricht

für das 5.–10. Schuljahr
Themen - Techniken - Beispiele
120 Seiten

Bestell-Nr. 0464-2

Das Aufsatzbuch ist für Schüler und Schülerinnen der Sekundarstufe I verfaßt. Es setzt Materialien und Techniken, Beispiele und vermittelnde Information ein, um den Schüler zum Verfassen eigener Texte **methodisch** anzuleiten. Die im Kapitel 4 vorgetragenen Beispiele erfassen in **kommunikativen Anwendungssituationen** die wichtigsten Textsorten:

Erzählbericht - Bericht - Beschreibung - Erörterung - (dialektischer) Besinnungsaufsatz - Interpretation. Der Schwerpunkt liegt dabei auf **alltagsrelevanten, pragmatischen Varianten** dieser Grundformen (Brief, Klappentext, Bedienungsanleitung, Sachtext, Inhaltsskizze, Leserbrief etc.).

Gliederung: Aufsatzformen nach Jahrgangsstufen geordnet/'richtlinienkonform' - Themen zum Üben - Techniken-Hilfsmittel - Beispiele (exemplarisch) - Glossar - Literaturhinweise.

Klaus Sczyrba
50 Kurzdiktate

für das 4. - 7. Schuljahr
mit 250 Übungsmöglichkeiten
116 Seiten + Lösungsheft

Bestell-Nr. 0477-4

Der bekannte Autor Klaus Sczyrba bringt wieder eigene Diktate für rechtschreibschwache Schüler und Schülerinnen zum häuslichen Arbeiten.

Für die Hand des Lehrers als Kurztest-Übungen im Unterricht bestens geeignet. Der Autor hat selbst im Unterricht erfolgreich damit gearbeitet.

Klaus Sczyrba
Komm, wir schreiben!

Rechtschreibübungsheft für das 2. und 3. Schuljahr
Format: DIN A4 - 40 farbige Illustrationen
3. Auflage - 36 Seiten

Bestell-Nr. 0614-9

Freude ist der Motor zum Erfolg. Nach diesem Grundsatz will der Autor den Kindern durch die lustbetonte, sehr abwechslungsreiche Art dieses Heftes den Weg zu Rechtschreibsicherung leicht machen. In frohem Tun werden fast unauffällig fundamentale Kenntnisse der Rechtschreibung angeeignet, ohne daß die Kinder dabei den Eindruck des Übens haben.

Klaus Sczyrba
Komm, wir schreiben!

Rechtschreibübungsheft für das 3. und 4. Schuljahr
Format: DIN A4 - 60 farbige Illustrationen
2. Auflage - 60 Seiten

Bestell-Nr. 0616-5

Alle Übungen für die Kinder des 3. und 4. Schuljahres sind so angelegt, daß sie mit Freude durchgeführt werden. Sie enthalten kurzweilige Aufgaben, Reime und Rätsel. Die Richtigkeit der Lösungen kann leicht selbst überprüft werden.
Üben ist für Kinder oft freudlos und langweilig. Bei diesem Heft spüren sie aber nicht, daß „nur geübt" wird. In froher, zielstrebiger Arbeit wird fast unbewußt die Rechtschreibfertigkeit gesteigert.

Klaus Sczyrba
Komm, wir schreiben!
Rechtschreibübungsheft für das 4. und 5. Schuljahr
ca. 60 Seiten – Illustrationen
Bestell-Nr. 0479-0
Nachdem die beiden vorangegangenen Übungshefte
'Komm, wir schreiben!', einen so guten Anklang gefunden haben, folgt nun eins für die 4. und 5. Klasse. Es
überbrückt den oft schwierigen Übergang von der
Grundschule zu den weiterführenden Schulen im Bereich des Schreibens. Abwechslungsreiche, kurzweilige
Übungen, die der Altersstufe angepaßt sind, lassen die
Rechtschreibklippen überwinden und führen zur
Schreibsicherheit.
Lösungen zur Selbstkontrolle sind angefügt.
Breit einsetzbar im Unterricht.

Klaus Sczyrba
Lebensnahe Diktate
für die Grundschule mit angegliederten Übungsmöglichkeiten für das **2. bis 4 Schuljahr**
4. Auflage - 152 Seiten + Lösungsheft
Bestell-Nr. 0610-6
Dieses Übungsbuch ist aus der Erfahrung langjähriger
Schularbeit entstanden und soll den Kindern vom 2. bis
4. Schuljahr helfen, ihre Rechtschreibleistungen zu verbessern.
Dazu werden 150 Diktate geboten, die in Ausmaß und
Schwierigkeitsgrad dem Alter der Kinder entsprechen.
Zur vertieften Behandlung aller Rechtschreibbereiche sind jedem Diktat eine Reihe Übungsmöglichkeiten
beigefügt.

Klaus Sczyrba
Wege zum guten Aufsatz
für das 5.-10. Schuljahr
176 Seiten
Bestell-Nr. 0472-3
Dieses ganz auf die Schulpraxis bezogene Büchlein bietet Hilfen und Anregungen für das Schreiben von Nacherzählungen, Erlebnisaufsätzen, Phantasiegeschichten,
Beschreibungen, Schilderungen und Berichten. Außerdem enthält es Übungen zur Grammatik, zur Rechtschreibung und Ausdrucksverbesserung.

**Ein weiteres Buch von unserem Erfolgsautor Klaus
Sczyrba.**

Klaus Sczyrba
Wege zum guten Aufsatz
für das 3. und 4. Schuljahr
ca. 144 Seiten – Illustrationen – Format DIN A 5
Bestell-Nr. 0690-4
Da bereits in der Grundschule die Fundamente für die
Aufsatzerziehung gelegt werden, kommt diesem Buch
eine besondere Bedeutung zu. Es will helfen, die bei vielen Kindern bestehende Abneigung gegen das Schreiben von Aufsätzen zu überwinden und zu einem guten
schriftlichen Ausdruck hinzuführen.

Klaus Sczyrba
Neue lebensnahe Diktate
mit zahlreichen Übungsmöglichkeiten für das **2. bis 10.
Schuljahr**
2. Auflage - 312 Seiten
Bestell-Nr. 0611-4
Wie in den früheren Ausgaben dieses Buches werden hier
wieder über 200 Diktate geboten, die in Ausmaß und
Schwierigkeitsgrad dem Alter des Kindes entsprechen.

Klaus Sczyrba
Lebensnahe Dikate
mit zahlreichen Übungsmöglichkeiten für das **5. bis 7.
Schuljahr** + Lösungsheft
3. Auflage - 240 Seiten
Bestell-Nr. 0613-0
In diesem Übungsbuch werden 150 Diktate geboten, die
Kindern des 5. bis 7. Schuljahres helfen sollen, ihre
Rechtschreibkenntnisse zu verbessern.
Zur vertieften Behandlung aller Rechtschreibbereiche ist jedem Diktat eine Reihe Übungsmöglichkeiten
beigefügt.

Klaus Sczyrba
Lebensnahe Diktate
100 Diktattexte mit 600 Lösungsmöglichkeiten für das
8. bis 10. Schuljahr
2. Auflage
210 Seiten + Lösungsheft
Bestell-Nr. 0471-5
Das Buch will mit seinen Diktaten und Übungen zum
richtigen Gebrauch unserer Sprache beitragen. Die Diktate sind nicht nur nach Rechtschreibschwierigkeiten
oder zur Anwendung einer Regel konstruiert, sondern
sind auf die Bedürfnisse von Zeit und Umwelt abgestimmt.
Übungsmöglichkeiten mit Lösungen machen dieses
Buch für häusliches Arbeiten und für den Unterrichtsgebrauch gleichermaßen unentbehrlich.

Klaus Sczyrba
Lebensnahe Diktate
mit zahlreichen Übungsmöglichkeiten für das **5. bis 10.
Schuljahr**
2. Auflage - 432 Seiten + Lösungsheft
Bestell-Nr. 0612-2
Auch dieses Übungsbuch soll den Kindern vom 5. bis
10. Schuljahr helfen, ihre Rechtschreibleistungen zu verbessern.
Die hier angebotenen 250 Diktate sind in Ausmaß und
Schwierigkeitsgrad dem Alter entsprechend ausgewählt
worden. Jedem Diktat ist eine Reihe Übungsmöglichkeiten beigefügt, ebenso wurde der entsprechende Wortschatz eingebracht.
Tabellen der Rechtschreibschwierigkeiten in den einzelnen Schuljahren runden dieses Übungsbuch ab.

Klaus Sczyrba
Lebensnahe Grammatik
für die Grundschule

für das 2. bis 4. Schuljahr

140 Seiten

Bestell-Nr. 0673-4

Die alltäglichen Begebenheiten zweier Kinder sind lebendige Einstiege in alle Bereiche der Grundschulgrammatik. In übersichtlicher Weise werden alle notwendigen Kenntnisse zur Beherrschung unserer Sprache kindgemäß vermittelt, die in den angegliederten Übungen angewandt werden können. So ist dieses Büchlein sehr hilfreich für den Unterricht in der Schule und die häusliche Einzelarbeit.

Klaus Sczyrba
Lebensnahe Sprachlehre
in der Grundschule

50 Unterrichtsentwürfe für die Einführung aller wesentlichen Gebiete.

112 Seiten, Illustrationen

Bestell-Nr. 0615-7

Neubearbeitete 2. Auflage

Diese Unterrichtsentwürfe haben sich als eine vielbegehrte Hilfe erwiesen und ermöglichen, daß der sonst so trockene Stoff der Sprachlehre lebensnah, auf lustbetonte Weise eingeführt wird.
Jeder Entwurf ist eine Unterrichtseinheit, die sich über einen längeren Zeitraum erstreckt.

Klaus Sczyrba
Lebensnahe Grammatik
für die Sekundarstufe I

5.-10. Klasse
Mit 100 Übungen + Lösungsheft

2. Auflage – 128 Seiten

Bestell-Nr. 0474-X

Wesentliche Ursache für die Fehlerhäufigkeit in der Rechtschreibung ist in der mangelnden grammatischen Erkenntnis zu suchen.
Das Buch will hier Abhilfe schaffen. In übersichtlicher Anordnung bietet es in den für das Leben wichtigen Bereichen der Grammatik viele Beispiele und Übungsmöglichkeiten.

Klaus Sczyrba
Rechtschreib-Olympiade

Übungen mit Lösungen für die 5.-7. Klasse

136 Seiten + Lösungsheft

Bestell-Nr. 0475-8

Unser Erfolgsautor Klaus Sczyrba bringt mit diesem Band ein lebensnahes Rechtschreibbuch auf den Markt, welches durch seinen Wettbewerbcharakter sicher viele Übende ansprechen wird.
Kurze Übungstexte zu den Schwierigkeiten der deutschen Sprache werden allen Benutzern Hilfe geben und einprägsam zukünftige Fehler vermeiden helfen.

Englisch

Peter Luther/Jürgen Meyer
Englische Diktatstoffe

Unter- und Mittelstufe Sekundarstufe I

64 Seiten

Bestell.-Nr. 0647-5

Beginnend mit einfachsten Texten und Erklärungen wird hier der Benutzer der Bücher mit der englischen Grammatik, Wortlehre und Rechtschreibung vertraut gemacht. Die Texte geben Hinweise auf die Vorbereitung zur Nacherzählung und sind gestaffelt nach Schwierigkeiten und Themengruppen. Worterklärungen und Übungen zur Selbstkontrolle runden den Band ab.

Jürgen Meyer/Gisela Schulz
Englische Synonyme
als Fehlerquellen

Übungssätze mit Lösungen

116 Seiten

Bestell-Nr. 0596-7

Dieses Übungsbuch will helfen, die im Bereich der Synonyme immer wieder auftretenden Fehler zu vermeiden. Die Aufstellung ruht auf Beobachtungen, die die Verfasser im Unterricht gemacht haben und erhebt keinen Anspruch auf Vollständigkeit. Die Übungssätze wurden so formuliert, daß die wichtigen Bedeutungsnuancen so klar wie möglich hervortreten. Die zur Kontrolle beigefügten Lösungen geben an, ob und wo Fehler gemacht worden sind.

Jürgen Meyer
Deutsch-englische/
englisch-deutsche
Übersetzungsübungen

9.-13. Klasse

2. Auflage - 104 Seiten

Bestell-Nr. 0594-0

Texte für Fortgeschrittene, die ihre Kenntnisse in Wortanwendung und Grammatik erweitern und überprüfen wollen.
Zu den zeitgemäßen deutschen Texten wurden die Vokabeln und deren Anwendungsmöglichkeiten gegeben und erklärt.
Am Schluß des Bandes die englischen Texte zur Kontrolle.
Breit einsetzbar in den Sekundarstufen, Grund- und Leistungskursen.

Jürgen Meyer/Ulrich Stau
Englisch 5./6. Klasse
Übungen mit Lösungen
96 Seiten - Viele Zeichnungen
Bestell.-Nr. 0687-4

Der gesammte Stoff Englisch der 5. und 6. Klasse wird in diesem Nachhilfebuch wiederholt. Die Benutzer können anhand von Übungen ihr Wissen testen und im Lösungsteil nachschlagen.

Der Stoff wurde den einschlägigen Lehrwerken an den Schulen der verschiedenen Bundesländer angeglichen um eine Benutzung nicht von den verschiedenen Kriterien der Bundesländer abhängig zu machen.

Den Schülerinnen und Schülern wird hier echte 'Lernhilfe' geboten!

Jürgen Meyer
Übungstexte zur englischen Grammatik
9. – 13. Klasse
3. Auflage - 96 Seiten
Bestell.-Nr. 0567-3

Der Band enthält Übungsmaterial zu aktuellen Fragen, u.a. Sachtexte zu Personen, wissenschaftlichen Entdeckungen und zeitgeschichtlichen Ereignissen, die über das heutige Großbritannien und die USA informieren. Die Texte sind mit ausführlichen Hinweisen zu den Vokabeln sowie Übungen zur Syntax und zum Wortschatz versehen. Diskussionsvorschläge und ein sorgfältig aufbereiteter Schlüssel bieten zusätzliche Unterrichtshilfen. Das Buch ist sowohl für Gruppenarbeit als auch für das Selbststudium geeignet.

Edgar Neis
Wie schreibe ich gute englische Nacherzählungen?
8. Auflage - 84 Seiten
Bestell-Nr. 0526-6

Langjährige, im gymnasialen Englischunterricht auf der Mittel- und Oberstufe, sowie bei zahlreichen Abiturprüfungen gewonnene Erfahrungen haben zur Herausgabe dieses Buches geführt. Texterfassung und -darstellung, Wortschatzerweiterung, Regeln der Stillehre, Erzählstil, idiomatische Redewendungen, Homophone, unregelmäßige Verben, Comment u.v.a.
Musterbeispiele als Vorlagen für Lernende.

John A. S. Phillips
Englisch für Frustrierte
Ratgeber für Muß-Studenten und Schüler der englischen Sprache
2. Auflage – 116 Seiten – Illustriert
Bestell-Nr. 0478-2

Dieses Buch ist für Leute geschrieben, denen vielleicht doch noch zu helfen ist, ihre verlorengegangene Freude an der englischen Sprache zurückzugewinnen. John A. S. Phillips, Lektor für Englisch an der Universität Bay-

reuth, Verfasser mehrerer humorvoller und skurriler Bücher, hat kein Lehrbuch im üblichen Sinne geschrieben. Es ist aber ein Amüsierbuch allein; dazu ist es dem Verfasser mit den Menschen, die seine Sprache lernen wollen, viel zu ernst.
Der Leser lernt viel, ohne belehrt zu werden. Was er bietet, will und kann kein systematisches Lehrbuch ersetzen, wohl aber "background" schaffen, bei Kennern der Sprache manches Tüpfelchen auf das „i" setzen und, wie erwähnt (– so auch der Titel –), Frustrierte wieder mobilisieren.
Enjoy it ...

Französisch

Klaus Bahners
Französischunterricht in der Sekundarstufe II
(Kollegstufe)
Texte - Analysen - Methoden
104 Seiten
Bestell-Nr. 0565-7

Dieses Buch wendet sich an alle, die jetzt oder künftig auf der neugestalteten Oberstufe (Sekundarstufe II) Französischunterricht erteilen; vor allem an jüngere Kollegen und Referendare, aber auch an Studenten, die sich auf den Übergang vom wissenschaftlichen Studium zur pädagogischen Umsetzung vorbereiten wollen.

Paul Kämpchen
Französische Texte zur Vorbereitung auf die Reifeprüfung
80 Seiten
Bestell-Nr. 0522-3

Übungen für Grammatik, des Stils und eine der Prüfungsarten - die Nacherzählung - sollen hier dem Anwärter zur Prüfung nahegebracht werden. Kurze und lange Nacherzählungstexte mit Worterklärungen stehen als Übungstexte zur Verfügung.
Der Schüler oder Student kann anhand dieser Kurzgeschichten seine sprachliche Beweglichkeit unter Beweis stellen. Kleine und leichte Stücke, die sich nur für Anfänger und wenig Fortgeschrittene eignen, wurden weggelassen.

Alfred Möslein/
Monique Sickermann-Bernard
Textes d'étude
64 Seiten
Bestell-Nr. 0523-1

25 erzählende Texte aus der neueren französischen Literatur als Vorlagen für Nacherzählungen und Textaufgaben.
Durch unterschiedliche Längen und Schwierigkeitsgrade, sowie durch breitgefächerte Thematik eignen sich diese Texte als Lektüre und Ausgangspunkt für Diskussionen im Unterricht. In den "Suggestions" findet man einige Anregungen für Übungen, die sich an die reine Textbehandlung anschließen können. Die Worterklärungen sollen das Verständnis der Texte erleichtern.

Werner Reinhard
Französische Diktatstoffe
Unter- und Mittelstufe
1./2. Unterrichtsjahr, sowie 3./4. Unterrichtsjahr

4. Auflage - 96 Seiten

Bestell-Nr. 0532-0

Die nach dem Schwierigkeitsgrad geordneten Texte
sind überwiegend Erzählungen und Berichte von Begebenheiten des täglichen Lebens, wobei unbekannte Vokabeln beigegeben sind. Mit den Texten lernt der Schüler die gehobene Umgangssprache, d.h. Vokabular und
Wendungen, die er später für eigene Textproduktionen
verwenden kann. Den Texten vorangestellt sind Bemer-
kungen zur Rechtschreibung, die nützliche Recht-
schreibregeln enthalten.

Werner Reinhard
Übungstexte zur
französischen Grammatik
9. - 13. Klasse

2. Auflage - 128 Seiten

Bestell-Nr. 0543-6

"Übungstexte zur französischen Grammatik" wendet
sich an Lernende, die bereits einige grammatische
Kenntnisse haben, sie jedoch festigen und vertiefen wollen. Es eignet sich aufgrund umfangreicher Vokabel-
angaben, sowie des ausführlichen Lösungsteils, zum
Selbststudium und vermag bei Schülern ab Klasse 9
Nachhilfeunterricht zu ersetzen.
Die textbezogenen Aufgaben berücksichtigen insgesamt die wichtigsten grammatischen Gebiete, ein Regi-
ster ermöglicht auch systematisches Vorgehen.

Christine und Gert Sautermeister
Der sichere Weg zur guten
französischen Nacherzählung
-Zur Methodik des Hörens und Schreibens im
Französischunterricht-

118 Seiten

Bestell-Nr. 0534-7

Der erste Teil des Buches will auf die Bedingungen richtigen Hörens aufmerksam machen und Wege zum besseren Hören skizzieren. Der zweite Teil gibt Anregungen,
die Grundrisse des Textes, der Gelenkstellen, Höhepunkte, Pointen nochmals zu vergegenwärtigen.
Spezifische Formulierungsprobleme der Nacherzählung
entfaltet der dritte Teil.

Werner Reinhard
Kurze moderne Übungstexte
zur französischen Präposition
120 Seiten

Bestell-Nr. 0568-1

In einem lexikalischen Teil gibt das Übungsbuch zunächst einen Überblick über die Anwendung der wichtigsten Präpositionen. Auch die Präposition als Binde-
glied zwischen Verb und Objekt bzw. Infinitiv (vor allem
à und de) wird berücksichtigt. Listen erleichtern dabei
systematisches Lernen.
Im anschließenden Übungsteil kann der Benutzer seine
Kenntnisse überprüfen. Vorherrschende Methode ist die
Einsatzübung. Mit dem Lösungsteil eignet sich das
Buch gut zum Selbststudium. Einsetzbar für den Unterricht in den Sekundarstufen.

Gemeinschafts-
kunde

Peter Beyersdorf
Die Bundesrepublik Deutschland
Arbeitsheft zur
Sozial- und
Gesellschaftskunde
Band 1:
Strukturen und Institutionen
mit Text des Grundgesetzes
124 Seiten
Bestell-Nr. 0507-X

Band 2:
Parteien und Verbände
84 Seiten
Bestell-Nr. 0508-8

Band 3:
Außenpolitische Entwicklung
72 Seiten
Bestell-Nr. 0509-6

Diese Reihe wurde vor allem für den Bereich der politischen Pädagogik geplant: für Lehrer und Schüler also in
erster Linie. Das gilt für Gymnasien und höhere Schulen
insgesamt, für Berufsschulen und nicht zuletzt für den
großen Bereich der Erwachsenenbildung in den Volks-
hochschulen.
Jedes Heft enthält neben dem Textteil einen Dokumen-
tenanhang und ein Literaturverzeichnis, darin wird auf
spezielle, einzelne Themen vertiefende Bücher hingewiesen.
Mit Hilfe dieser "Arbeitshefte" wird es dem Benutzer
möglich, die grundsätzlichen politischen Zusammen-
hänge unseres Gemeinwesens und die Struktur der internationalen Politik zu erkennen. Dazu werden nicht nur
Daten und Fakten geboten, sondern zugleich auch deren Erklärung und Interpretation. Stand 1970!

Geschichte

Peter Beyersdorf
Geschichts-Gerüst
von den Anfängen bis zur Gegenwart

4 Teile in einem Band

228 Seiten

Bestell-Nr. 0551-7

Der Primaner, der das „Skelett" dieses „Gerüstes" beherrscht, sollte allen Prüfungsanforderungen gewachsen sein!

Das vorliegende Werk will kein Ersatz für bereits bewährte Bücher ähnlicher Art sein, sondern einem **Auswahlprinzip** huldigen, das **speziell auf Gymnasien,** kurz **alle weiterführenden Schulen zugeschnitten** ist. Daher erklärt sich die drucktechnische Hervorhebung des besonders Wesentlichen (Fettdruck).
Teil I: Von der Antike bis zum Beginn der Völkerwanderung (ca. 3000 v. Chr. bis 375 n. Chr.)
Teil II: Von der Völkerwanderung bis zum Ende des Mittelalters (375 – 1268)
Teil III: Vom Übergang zur Neuzeit bis zum Ende des 1. Weltkrieges (1268 – 1918)
Teil IV: Vom Beginn der Weimarer Republik bis zur Gegenwart (1918 – 1990)

Latein

Reinhold Anton
Die Stammformen und Bedeutungen der lateinischen unregelmäßigen Verben
Anleitung zur Konjugation von etwa 1600 einfachen und zusammengesetzten unregelmäßigen Verben.

5. verbess. Auflage - 40 Seiten

Bestell-Nr. 0500-2

Oswald Woyte
Latein-Gerüst
Der gesamte Stoff bis zur Sekundarstufe II (Kollegstufe) in übersichtlicher Anordnung und leichtverständlicher Darstellung mit Übungstexten, Übungsaufgaben und Schlüssel.

Teil 1: **Formenlehre**
116 Seiten
Bestell-Nr. 0552-5

Teil 2: **Übungsaufgaben und Schlüssel zur Formenlehre**
144 Seiten
Bestell-Nr. 0553-3

Teil 3: **Satzlehre**
104 Seiten
Bestell-Nr. 0554-1

Teil 3: **Übungsaufgaben und Schlüssel zur Satzlehre**
72 Seiten
Bestell-Nr. 0555-X

jeweils 2. Auflage

Die vier Bände ersparen den Lernenden die Nachhilfestunden und bieten ein unentbehrliches Übungs- und Nachschlagewerk bis zur Reifeprüfung.
Der Autor hat aus seiner Praxis als Oberstudiendirektor die Schwierigkeiten der lateinischen Sprache für den häuslichen Übungsbereich aufbereitet und leicht faßbar erläutert. Lernanweisungen sollen das Einprägen erleichtern.

Friedrich Nikol
Latein 1
Übungen mit Lösungen für das erste Lateinjahr in zwei Bänden.

Band 1/**Erstes Halbjahr**
mit Lösungsteil
Bestell-Nr. 0634-3

Band 2/**Zweites Halbjahr**
mit Lösungsteil
Bestell-Nr. 0635-1

In beiden Teilbänden wird der gesamte Stoff des ersten Lateinjahres behandelt.

Latein 2   (2. Lateinjahr)

Bestell-Nr. 0638-6

Der lateinische Wortschatz ist in den Büchern genau angegeben und den verschiedenen lateinischen Unterrichtswerken angepaßt, die in den einzelnen Bundesländern zugelassen und eingeführt sind.
Bei gründlicher häuslicher Nachhilfe mit den Büchern wird der Übende immer mehr Freude an Latein bekommen und bald wird sich auch der Erfolg bei den Leistungen in der Schule zeigen.

Suchen Sie wortgetreue Übersetzungen und Präparationen zu Ihren Schullektüren römischer und griechischer Klassiker?
Sie finden in der **„Kleinen Übersetzungsbibliothek"** in 500 Bänden im Kleinformat wörtliche deutsche Übersetzungen.
Fordern Sie das ausführliche Verzeichnis an.

Mathematik

Bernd Hofmann
Algebra 1
Mathematikhilfe für die 7./8. Jahrgangsstufe weiterführender Schulen

216 Seiten

Bestell-Nr. 0580-0

Friedrich Nikol
Lothar Deutschmann

Algebra 2

Übungs- und Wiederholungsbuch für die 9. und 10.
Jahrgangstufe

168 Seiten - Viele Abbildungen

Bestell-Nr. 0645-9

Lothar Deutschmann

Mathematik

Wegweiser zur Abschlußprüfung
Mathematik I, II und III an Realschulen

Anhang: Reifeprüfungsaufgaben mit Lösungen 1980/
1981/1982/1983

168 Seiten + 121 Abb.

Bestell-Nr. 0644-0

Ein erfahrener Pädagoge erteilt Nachhilfeunterricht in
Mathematik.

In anschaulicher Weise werden den Benutzern Aufgaben aus der Mathematik an Realschulen vorgeführt, erklärt und mit Lösungsweg und Lösungen beschrieben.

Ruth Kirchmann

Zielscheibe Mathematik

Wenn Schüler vor Mathematik zurückschrecken, liegt es
häufig an den Lücken, die irgendwann entstanden sind
und das Verständnis des ganzen folgenden Unterrichts-
stoffes blockieren.
In diesen Nachhilfebüchern, die auch zum Nachlernen
für zu Hause geeignet sind, finden sich Schüler schnell
zurecht.

Dezimalzahlen

78 Seiten - viele Abbildungen
+ 8 Seiten Lösungsheft

Bestell-Nr. 0671-8

Johannes Lorenz

Mathematik-Gerüst –
Unterbau

6. Auflage - 84 Seiten

Bestell-Nr. 0558-4

**Sammlung von Formeln und Sätzen mit zahlreichen
Musteraufgaben und vielen Figuren.**

Inhalt: Zahlenrechnen - Algebra - Gleichungen - Loga-
rithmen - Geometrie - Stereometrie - Trigonometrie.
Dieser Band richtet sich an den Lernenden, der in kurzer
Form seine Kenntnisse wieder auffrischen möchte und
anhand von Musteraufgaben Lösungswege rekonstru-
ieren will.

Bis Sekundarstufe I.

Georg Ulrich/Paul Hofmann

Geometrie
zum Selbstunterricht

Ein vollständiger Lehrgang der Geometrie zum Selbst-
unterricht und zur Wiederholung und Nachhilfe. Von der
elementaren Geometrie über die Differential- und Inte-
gralrechnung bis zur Integralgleichung bieten die Bände
den gesamten Stoff der Oberschulen bis zur Sekundarstufe II.
Übungsaufgaben mit Lösungen erleichtern die Verfol-
gung des Rechenweges und deren Einprägung und Verstehen.

1. Teil:
Planimetrie
172 Seiten
Bestell-Nr. 0576-2

2. Teil:
Trigonometrie
136 Seiten
Bestell-Nr. 0540-1

3. Teil:
Stereometrie
148 Seiten
Bestell-Nr. 0577-0

4. Teil:
Analytische Geometrie
232 Seiten
Bestell-Nr. 0536-3

Philosophie

Robert Hippe

Philosophie-Gerüst

Teil 1 -96 Seiten

Bestell-Nr. 560-6

Der erste Band des Philosophie-Gerüsts will an die Ge-
schichte der abendländischen Philosophie heranführen,
dem Leser einen Überblick über die Jahrhunderte philo-
sophischen Denkens geben.
Aus dem Inhalt: Was ist Philosophie? Die griechische
Philosophie - Die hellenistisch-römische Philosophie -
Die Philosophie des Christentums - Die Philosophie des
Mittelalters, im Zeitalter der Renaissance und des Ba-
rock - Die Philosophie von der Aufklärung bis zu Hegel -
Die Philosophie der Gegenwart.
Anhang - Bibliographie u.a.

Teil 2 - 80 Seiten

Bestell-Nr. 561-4

Im zweiten Band werden die Disziplinen der reinen und
angewandten Philosophie behandelt und dem Benutzer
ein Überblick über den gewaltigen Umfang des Bereichs
der Philosophie gegeben.
Aus dem Inhalt: **Die Disziplinen der reinen Philosophie:** Logik und Dialektik - Psychologie - Erkenntnis-
theorie - Ontologie und Metaphysik - Ethik - Ästhetik.
Die Disziplinen der angewandten Philosophie: Natur-
philosophie und Philosophie der Mathematik - Ge-
schichtsphilosophie - Rechts- und Religionsphilosophie
- Philosophische Anthropologie und Existenzphiloso-
phie - Sprachphilosophie.
Philosophie und Weltanschauung
Bibliographischer Anhang u.a.